ニッチ企業は理念で生き残る

地方メーカー2代目社長の経営改革

大塚雅之
OTSUKA MASAYUKI

幻冬舎MC

はじめに

大手企業や競合他社との競争を避け、ニッチトップ戦略を取る中小企業は少なくありません。ニッチトップ戦略は、大手企業がなかなか参入しないような小さな市場を独占し、安定した利益獲得を目指す戦略として知られています。

しかし近年は技術革新や環境変化のスピードは速まっており、ニッチ市場でトップを取っても長期にわたって安泰というわけではなくなっています。これまで高いシェアを誇っていたニッチ市場に新たな競合が生まれたり、顧客ニーズの変化によって市場そのものが明日には消えてしまったりするリスクに常にさらされているのです。

経済産業省の「2020年版グローバルニッチトップ企業100選」における、企業の経営者に対するアンケート結果では、今後取るべき戦略の1位は「コア技術を活用した他分野への進出」（69・0％）、2位は「新規顧客との取引拡大」（54・9％）となっており、ニッチ戦略を取る企業が同じ業種・分野、既存顧客にとどまり続けるのは危険だと考えていることが分かります。

ニッチトップ戦略を取る中小企業も、他分野への進出や常に変化に柔軟に対応できる組織の適応力が必要とされているのです。しかし長年変化のなかった組織では、新規市場参入など柔軟な変更に対して社員から反発を受けることも少なくありません。

私は、栃木県に本社を置く「ろ過布」メーカーで創業者である父の後を継ぎ、2代目社長を務めています。ろ過布は、文字どおり「ろ過する布」のことです。液体と固体、または気体と固体を分離するために使います。掃除機やエアコンに使われるフィルターから、飲料・食品や水処理、製鉄、化学製品などの施設で使われる工業用品まで、さまざまな分野で必要とされる製品です。そのなかで私たちが製造するろ過布は、汎用品ではなくオーダーメイドが中心で、1973年の創業以来、大手の参入しないニッチ市場で勝負してきました。しかし、変化が激しい時代において、この先もずっと市場が存在し続けるとは限りません。私も、社長就任前から現場で顧客と向き合ってきたなかで、自社のコア技術を中心に他業種への参入や、新規顧客の開拓の必要性を感じている一人でした。

そこで私は社長に就任すると、自社の事業分野をこれまでのフィルター加工だけでなく、水に関する仕事全般に対するソリューションカンパニーとして、自社を生まれ変わらせようと考えました。しかし、新たな顧客開拓と製品開発に挑むことに、社員たちからは強い反発を受けました。そもそも、私が考えていることが社員たちにうまく伝わっていないために、なぜ変えなければいけないのかといった声が多かったのです。私は、まず企業理念を明確にし「100年ビジョン」を動画で伝えるなどさまざまな工夫をして意識改革を進めました。ろ過布メーカーとして自社の強みを活かしてできることは何か、新たに挑戦できる分野はないのか、といったことを社員一人ひとりに考えてもらうために自社の存在意義を再定義することにしたのです。

この間、私自身は必死に経営を学び、自分なりの経営哲学を発展させました。理念を掲げるだけでなく、社員に浸透させることが大切だということもこのときに得た教訓です。こうした努力を続けることで、社員たちが組織として一つにまとまり、新製品開発や新規の顧客開拓といった新たなことに、社員一人ひとりが自発的に取り組むように変わっていきました。結果、新規事業を立ち上げ海外事業を進めるまでに成長できたのです。

本書では、ニッチ企業である私の会社が、どのようにして社員の意識を変え、新たに海外事業を展開するまでに至ったかを紹介しながら、私なりの組織改革の要点をまとめていきます。長年続いた中小企業、なかでもとりわけニッチ企業が変革を起こすには、理念を明確にし、社員と共有することが極めて有効です。本書が、ニッチ企業の経営のヒントとなれば幸いです。

ニッチ企業は理念で生き残る　地方メーカー2代目社長の経営改革　目次

［第2章］ トップダウンの強制改革では、魂まで変えられない

何を言っても社員の心には響かない2代目社長の憂鬱

［第3章］　企業理念を見直し、自社の存在意義を社員と共有する
会社の強みを理解した社員たちが一つにまとまり、自発的に動きだす

[第4章] 社員が自発的に動くことで、新たなビジネスチャンスをつかめる

［第5章］企業理念をつくり直すことで、会社の売上は50%アップ
ニッチ企業に新たなビジネスチャンスが開ける

［第1章］

50年間変化のないニッチ企業
目の前の仕事をただひたすらに
繰り返す旧態依然とした組織

2017年アジアゴールデンスターアワードの授賞式

拍手で迎えられ、ステージに向かってレッドカーペットの上を歩いていると、とても誇らしい気持ちになりました。2017年12月にホテル雅叙園東京で開かれた「第一回アジアゴールデンスターアワード授賞式2017」です。私は、私たちの会社の社長として最高賞である「マスター大賞」のほか起業家賞、商品賞、社会貢献社賞、企業賞、の表彰を受けるために参加しました。

このアワードは、マレーシアを拠点にアジアで絶大な影響力をもつ、アジア優秀企業家連盟（AEEF）が優れた企業や人、モノ、サービスを表彰するものです。アワードが始まって7年目のこの年、日本で初めて授賞式が開催されました。私たちは当時、海外展開の第一歩として中国への進出を図っていたため可能な賞すべてにエントリーしたところ、すべての賞を受賞することができたのです。

マスター大賞は、人や環境に配慮した商品開発力、事業展開、社会貢献などにおいて、未来型の経営として認められ、極めて優れた業績を残した企業や企業家に贈られる賞です。

この年は106社から私たちを含む3社が選ばれました。私たちは、クライアントのニーズに応じたものづくりや、開発途上国の水問題の支援活動などを評価してもらいました。

このほか、起業家賞は、業界・社会の常識にとらわれず、さまざまな課題・問題解決のための製品・商品・システムを開発し、便利・快適な世の中をつくり出す問題解決型・社会貢献型の経営者へ贈られます。

商品賞は、優れた品質を誇るとともに際立って革新性があると認められた製品・商品に贈られます。

社会貢献社賞は、ＳＤＧｓや社会貢献活動に取り組む企業・団体・個人に贈られます。社長に就任した頃の私は利益至上主義にとらわれていましたから、社会貢献社賞を受賞して改めて自分の変化を実感しました。

当時は、大手の自動車メーカーや鉄鋼メーカーによる検査データ改ざんなどが次々と発覚した時期だったため、受賞後のスピーチでは次のような内容を話しました。

「ここ数年、ものづくりをしている僕らにとって、とても悲しいニュースがたくさん流れています。データ改ざんだとか、資格をもっていない検査員……。諸外国では、日本のものづくりが終わったともいわれています。これは、私の考えでは、金融資本主義が進んでしまったために、良いか悪いかではなく、儲かるか儲からないかで物事を判断してしまっているからです。このまま進んでいったら、地球はどうなってしまうのでしょうか。ものづくりはこのままの姿勢でいいのでしょうか。『三方良し』や『浮利を追わず』など、日本が古来もっている教えを今一度学び、実践し、まだまだ日本は世界に通じる技術をもっているんだと見せていきたいと思っています。」

この思いは今も変わらないどころか、よりいっそう強くなっています。しかし、私が若い頃の考え方はまったく逆でした。まさに儲かるか儲からないかがすべての判断基準でしたし、利益を最優先し、地球がどうなるかなんて発想はまったくありませんでした。

創業者の父が始めたニッチ事業

私たちの会社は、「ろ布（濾布）」あるいは「ろ過布（濾過布）」と呼ばれる製品を製造、販売するメーカーです。ろ布やろ過布といわれてもピンとこない人も多いと思いますが、理科の授業で習う「ろ過」をイメージしてもらえれば分かりやすく、液体と固体の混合物をそれぞれ分離するときに使うろ紙という紙があります。ろ紙には細かい穴が開いているため、この穴より大きい固体は通さず、固体と液体を分離できるわけです。

私たちが扱っているろ布は、ろ過ができるという点でろ紙と同じですが、異なるのは紙ではなく布製だということです。繊維を織ってつくられる布も細かい穴が開いているため、ろ紙と同じようにろ過に使えます。ろ過を説明するために固体と液体の分離を例に出しましたが、ろ布は気体に含まれる粒子を取り除く場合にも使うことができます。

言い換えれば、ろ布は繊維でできたフィルターです。コーヒーフィルターと聞くと紙製のフィルターを思い浮かべると思いますが、布製フィルターを使う場合もあります。ネルドリップは、布製フィルターを使う抽出方法です。

また、日本酒の製造工程の搾りで、発酵が終わったもろみを袋に入れて搾る映像を見たことがある人もいるのではと思います。あの袋がろ布です。現在では機械で搾ることが多く、その機械に取り付けて使用するろ布を私たちは製造しています。

日本酒のほかにも、食用油、プリンター用のトナー原料、携帯電話やハイブリッドカーのバッテリー材料、工場の排水処理、上下水道などさまざまな分野でろ布は使われています。機械に取り付けて使うことが大部分のため、製品として世の中の人の目に触れる機会は少ないのですが、産業を陰ながら支える縁の下の力持ちだと自負しています。

私たちの会社は、本社が栃木県足利市にあり社員数は約50人です。私は2009年に先代社長の父の後を継ぎ、この「地方の中小企業」の2代目社長を務めています。

会社の歴史は50年前にさかのぼります。1973年3月、父は足利市に会社を創業しました。足利市は奈良時代から続く織物の産地です。父は独立前、アパレルやカーペット、工業資材などの繊維全般を扱う会社に勤務し、独立に当たりアパレルは流行り廃りに影響を受けて安定しないので、安定している工業資材を製造することにしよう、と考えました。

その工業資材として最初に扱ったのが、エアコンのフィルターです。現在は固体と液体の分離（固液分離）をするろ布を主に扱っていますが、スタートは空気からほこりや粒子を取り除く布製のフィルターでした。こうして、ろ布メーカーとしての第一歩を踏み出したのです。

ただ、当時はエアコンが一般家庭に急速に普及し始めた頃でした。普及率が上がるにつれて、フィルターも安価な海外品が国内で出回るようになり、それほど利益が見込めなくなってきたそうです。

そんなときに、繊維を取り扱う大手企業の1社が倒産し、その企業と関わりのあった工場を引き取ることになりました。それをきっかけに、糸を織ってろ布に加工するまでワンストップで製造する今のスタイルが始まりました。倒産した大手企業の商品をつくることから始めて水処理にも事業を広げ、商品開発を続けていきました。

オンリーワンの技術力

中小企業が生き残るためにはどうしたらいいかと考えた父が選択した戦略は、大手が進出しないニッチ（隙間）を狙うことでした。ろ布は装置に装着して使う場合が大半のため、装置メーカーにとっては付属品や機械のパーツというイメージが強くなってしまっています。このため、市場に流通するろ布は繊維大手による大量生産の汎用品が大部分を占めています。

これに対して父は、大手が進出しない多品種・少量生産の製品で勝負することにしました。顧客の細かい要望に応じて生産をする手法です。このニッチ戦略をさらに進めたのが、布を加工するアジア最大規模の大型機械の導入です。布を加工する技術に、主に布に光沢を出すために使うカレンダー加工があります。熱ローラーで布に熱と圧力を加えて表面を平らにする仕組みなのですが、私たちの会社では光沢を出すためではなく、ろ布の性能を調整するために利用しました。織り上がった生地を巨大な熱ローラーの間に通し、ろ布の目の細かさを調整する技術を確立したのです。熱や圧力を細かく変えることによって、従来では考えられないような微妙な調整が可能になりました。これは、1種類の生地を多彩に変化させられることを意味します。導入したのは私が入社した直後だったので、1994年だったはずです。

顧客からもう少し細かいフィルターのリクエストがあった場合、布を織る工程からやり直すと数カ月掛かりますが、カレンダー加工技術を使えば短期間で要望に応えられます。

この技術が、私たちの大きな強みになりました。他社では困難な細かいサイズまで調整でき、顧客の用途に合わせた最適なろ布を提供できます。私たちの会社を訪れるのは、多くが課題を抱え、困っていて、助けを求めている顧客です。汎用品より価格が高くても課題が解決できるならば、と依頼してくれることになります。

父の戦略は見事に的中し、今に至るまで特別という要素が強い製品は高い利益率を確保することができました。

ろ布の国内市場は現在、約100億円規模と想定されています。このうち大量生産の汎用品が約90億円で、残り10億円の市場の半分程度を私たちの会社が占めています。

今でも父は、汎用品を扱うのではなく顧客が必要としているものを必要な量だけつくればいいのだ、と言っています。資金力のある企業と量産品で競っても勝てるはずがありません。中小企業が生き残るために、必要な戦略でした。

父が病に倒れ、中途入社

長男として生まれた私は、子どもの頃から自然にいつか家業を継ぐのだろう、と意識していました。自宅イコール会社で、当時の社員が家族同然の身近な存在だったこともあります。大学の工学部機械工学科に進学したのも、家業を継ぐ際に役立つからと考えたためです。

ただ、大学を卒業してすぐに入社するのではなく、30歳までは自分の好きなことをやらせてほしいと父に伝えていました。

新卒で就職したのは、旅行代理店でした。一人で幅広い業務を経験したいと考え、小さな会社をあえて選択しました。仕事は非常に充実していて、このまま家業を継がずに旅行業の世界で生きようかと本気で思っていたものです。学生時代には自らイベントサークルを立ち上げ、イベントや旅行ツアーの企画に関わっていたので、性に合っていたのだと思います。さまざまな人との出会いに面白さを感じていました。

ところが、就職して2年後に父が腎臓を患い、状況は変わります。命に関わる病気ではなかったのですが、母から戻るよう懇願され、当時はまだ25歳でしたが戻る決意をしました。

1994年に入社して、まず工場で働きました。そのときにこの組織の近い将来が不安だ、と感じたのを覚えています。

当時は安定的な受注がなく、忙しいときと暇なときの差が激しい状態でした。工場の社員は、忙しいときは仕事に追われているのですが、仕事が少ない時期は皆、ぼーっとして動かなくなってしまうのです。営業担当の社員に仕事がないと言うばかりで、工程の見直しや動線の確保、整理整頓などやれることはあるのにやろうとしません。何かを学んで改良や改善をしようという意識が非常に低かったのが私には不満でした。

工場の社員だけではありません。営業担当の社員も、指示しなければ動きません。「聞いてません」「教えてもらってませんでした」という姿勢が多く見られました。

今にして思えば、当時の私は入社したばかりで理想に燃えていたのです。会社を良い方向に向かわせるため、社員同士で常に会社をより良くしようと話し合うのが当たり前だと思っていたのに、正反対の状況だったため、ひどくがっかりし、絶望に近い思いを味わったのです。

売上拡大のために奔走した大阪時代

そんな思いを抱えていたときです。入社翌年の1995年1月17日、阪神・淡路大震災が発生しました。被災地の兵庫県神戸市や西宮市などは日本を代表する酒どころの一つで、日本酒を製造・販売する酒蔵も被災を免れませんでした。

私たちの会社のろ布を使っている酒蔵やそのほかの顧客も大変な状態だと聞き、「私が行きます」と自ら手を挙げたところ、大阪営業所に異動になりました。

こうして工場勤務から営業担当へと仕事の内容が変わったわけですが、そこでの営業活動はまさに利益至上主義というのがふさわしい内容でした。

私はちょうど、バブル景気で日本中が浮かれていた時期に学生時代を過ごしています。当時はトレンディードラマが流行り、世の中の人はクリスマスにはホテルを予約したり、クルーザーに乗って遊んだりといったことが普通でした。お金持ちの遊び方がかっこよく目に映っていた時代です。

大阪に異動になったときにはすでにバブルは崩壊していたものの、バブルの感覚はまだ残っていました。誰よりも良い服を着たい、良いものを食べたい、良い車に乗りたい、良い家に住みたい……、そうすることが良いことだという価値観があったわけです。

まさに稼ぐことが正義という考えです。イケイケどんどんで営業を進め、注文が取れるまで帰ってくるなと部下を鼓舞していました。欧米型の資本主義に完全に染まっていたのだと思います。

そのときに目標にしたのが、父が仕切る東京支店の売上を抜くことです。私が赴任した当時は、大阪営業所の売上は東京支店の3分の1程度でした。父は入社した私に厳しく接し、給料も低く抑えていたため、東京を抜くことは父を見返すという意味もありました。

大阪営業所では、さまざまな取り組みをしました。それまでの取引先は小さな酒蔵が多かったのですが、大手に営業を掛けて、どんどん仕事を受注しました。

しかし、単に自社製品を売り込んだのではありません。私たちは、顧客が困っていると聞くと、そこに足を運んでろ過する液体を持ち帰り、小型のテスト機で実験をし続けました。今でこそ日本の杜氏も数字を使って論理的に語りますが、昔はすべてが肌感覚です。私たちは実験した結果を顧客に分かりやすく説明し、ろ布を最適化する提案をしていったのです。

さまざまな実験をしたおかげで、「こういう液だったらこうなる」とある程度つかめるまでに知識を身につけました。それだけ毎日のように遅くまで実験を繰り返していたので、ろ布に関する知識を肌感覚で語れるのは業界で一番だったと自負していました。

私の近くにいた営業担当の社員も同じように実験を繰り返していたので、今でもろ布に関する知識は豊富です。具体的な実験をした結果を持参し、ろ布の提案をするのですから、取引は増えていきました。

営業手法だけでなく、部下の教育も利益至上主義でした。当時の営業担当の部下は2人で、週に3～4日は飲みに連れて行き、仕事の話をしていました。

例えば、工場の社員は自分で客を取りに行けないので、工場にいる約20人の社員のうち、最低でも10人は大阪の営業で給料の面倒を見る必要があると考えると、私が4人分、部下2人はそれぞれ3人分で10人の給料が出る仕事を取って当たり前だ、という話をするわけです。

大阪営業所で10人分の給料を稼ぐとすると、いくら稼げばいいのかということも、単純な計算を例に話して聞かせたものです。例えば、諸経費などの詳細は省いて単純に考えた場合、1人平均30万円の給料が10人分だと月300万円で年間3600万円、これを3人で割って1人1200万円になり、これを稼ぎ出すためには材料費が50%掛かると考えれば2400万円の売上が必要で、1人が毎月200万円売り上げる計算になる、これが最低限に必要な売上で、それ以外に経費が必要になるので売上はもっと上げなければいけない、といった具合です。

大阪営業所の売上を伸ばすため、事務所の移転にも取り掛かりました。大阪営業所の立地は非常に良かったものの、まさに雑居ビルというべき建物の中にあり、スペースはとても狭く、トイレは共同トイレです。所長1人、事務員1人体制を続けるのならそれでよかったのですが、営業に力を入れて売上を伸ばさなくてはなりませんでしたから、広めの事務所に移り、営業担当の社員を増やしました。

さらに、大阪ではパソコンを導入しました。世の中にパソコンがまだあまり普及していなかった時期です。社長に導入を提案すると反対され、仕方がないので自腹でネットに接続できるようにし、パソコンも自分で用意しました。そこからホームページをつくるなどいろいろなことを仕掛けました。ワープロや実験のデータ整理、顧客に説明する際の資料づくりなどにも活用しました。当然、私が自腹で勝手に行っていましたので、社長である父は知りませんでした。

ところがある日、お前たちはろ布の診断ドクターなのか、と不機嫌な声で社長から連絡が入りました。ホームページでろ布の診断を現地で行うということから、営業＝診断ドクターと明記していたためです。その後、丁寧に説明を行い社長には納得をしてもらいました。

こうした取り組みの結果、２００５年には念願かなって東京支店の売上を完全に抜きました。

娘のプール事故で「身近な人の死」を意識し、考え方が大きく変化

このように会社の利益を追い掛けることばかり考えていた私に、変化が訪れます。きっかけは、家族を襲った事故や病気でした。

大阪営業所には1995年6月に赴任し、2008年に専務取締役に就任して東京支店勤務になるまで滞在しました。この間、プライベートでは1996年に結婚したあと、長女と次女が生まれています。

この頃までの私の人生観は「俺の人生なんだから、やりたいことをやって何が悪い」「結局、俺が全部責任を取り、最悪でも俺が死ぬだけだから問題ないだろう」という感じでした。

こういった価値観でずっと生きてきたのですが、家庭をもち、妻が妊娠したときに不安に駆られました。根拠があった懸念ではありませんが、自分が過去にやってきた悪いことが、なんらかの形で子どもに影響したら……と不安におそわれました。重大な罪を犯した

わけでもありません。しかし、一度この考えに取りつかれてしまうと、もう頭から離れません。

不安は完全に外れ、長女は元気に生まれ、まったく問題もありませんでした。その後次女が妻のお腹の中にいるときも、長女のときと同じように悩みましたが、次女も異常があるわけでもなく無事に生まれ、結局ただの杞憂に終わりました。

ただ、その頃から私がやっていることは自分だけではなく、周りにも影響を与えるのではないか、と考え始めたのです。

決定的だったのは、次女のプール事故です。

次女が3歳だった年の夏休みに家族で沖縄県の石垣島に行き、楽しく過ごしました。その最終日です。帰りの飛行機までまだ時間があったため、みんなでホテルのプールで遊んでいました。そろそろ帰ろうかというときに、私が最後のひと泳ぎをしようとプールに飛び込むと、次女がプールに沈んでいました。順番にシャワーを浴びて帰り支度をしようという状況で、大人たちが目を離してしまっていたのです。

私がいた場所から、10～15メートル離れていたと思います。次女はプールの底に正座をし、両手を万歳した姿で溺れていました。救急車を呼んでくれ、と叫んで次女のところにたどり着き、急いで引き上げました。次女は口から水を吐き出し、パパと言いました。しかし、ゼイゼイしたかと思うと、呼吸が止まってしまったのです。私は娘の名前を叫び続けましたが、だんだんと唇が紫色になっていきます。私はとっさに人工呼吸もできず、オロオロすることしかできません。

その瞬間、「お父さんどいてください」と男性が駆けつけ、「僕は医者なので、人工呼吸をします」と言って人工呼吸をしてくれました。娘は息を吹き返し、良かったと安心したときに救急車が到着しました。

その後、救急車で病院に運ばれるのですが、人工呼吸をしてくれた人はそのときには立ち去っていました。

すると、ホテルにチェックインしていた別の医師が気にしてくれて、「救急車での移動中にもやれる治療があるので、僕も一緒に乗り込みますね」と付き添ってくれたのです。「お父さん、びっくりしないでくださいね。ここで意識が飛ぶとまた大変なので、ちょっと泣かせたりしながら治療をしていきます」と言って、処置をしてくれていました。

この2人の医師には、いくら感謝してもしきれません。後日、ホテルに連絡をして2人の医師と連絡が取れるようになりましたので、お礼を伝えることができました。今でも心から感謝をしています。

適切な措置を受けられたため後遺症が出ることもなく、石垣島で2週間入院したあとに日常の生活に戻りました。次女に怖い記憶を残さないようにと、溺れた話は家族の間でいっさいせず、入院に関しては「急に病気になって入院していたんだよ」と話していて、プールや海にも連れて行きました。

ところが、本人は覚えていたようです。大きくなってから「私、あのとき、溺れたよね」と言っていました。水を怖がるような心の傷が残らずに済んだのは本当に良かったと思っています。

一方、私はこの事故がトラウマになり、プールに沈む次女の映像が鮮明によみがえるフラッシュバックにしばらくの間、苦しめられました。目を閉じることと水が恐怖でしたので、頭を洗うという日々の生活でも苦痛を感じるようになりました。

そして悪いことは重なります。翌年、大手酒蔵メーカーで打ち合わせをしている最中に、妻から「長女が『立てない』と言っている」という内容の電話が掛かってきたのです。大阪へは単身赴任で来ていたので、「すぐ帰る」と告げ、急いで妻と娘が住んでいる東京へと向かいました。

病院で診察を受けると、血管の病気だということです。治療薬がない病気のため、安静にする必要がありましたが結局、約1カ月半の入院で治り、今では元気でピンピンしています。

娘2人の事故と病気に遭遇し、私のそれまでの過去の行いの報いが子どもに向かったのだと思いました。娘たちが生まれる前に感じた自分の過去の行いのせいで、子どもたちに何か影響が出るのではないかという不安が現実になったのだと本気で思いました。

罰が当たるという言葉があります。私が悪いことをして、罰が当たるのが私だったらまったく問題はないのですが、子どもたちに向かってしまったのだと思いました。

このように思ったのも、私が「他責」が嫌いだからといえます。環境のせいにしたり、誰かのせいにしたりするのは本当に許せません。

学生時代、学食で「まずいんだよな」と言いながら食べる友人がいて、私はいつも「普通に食えるじゃん。うめぇじゃん」と思っていたし、そう言っていました。まずいと思うなら食べなければいい、まずくて不快な思いをしているのなら、それは学食で食べると決めた自分自身の責任です。学食の責任にして、文句を言うのは筋違いです。

それが飛躍して、子どもたちが事故や病気になったのは、子どもたちに責任をもつ親である私の行いが良くなく、私のせいで不幸になってしまったというロジックです。さらに、過去の行いの報いが子どもたちに行くのだったら、部下にも行くし、仲の良い友達などの周りにも行くのだと思いました。

このように考えた結果、自分自身が変わろうと決意しました。もし私が悪いことをせず、いいことをし続けたら、もちろん、私は自分自身で幸せを感じられるので、私に返ってくる必要はなく、むしろ周りに返るのならとても良いことだと思うようになりました。誰かのためにという思いが強くなったのは、この頃からです。

ただ、このときに悔い改めたのは生活態度が中心でした。会社の利益を追い求める利益至上主義を返上するまでには、まだ時間が掛かります。

忘れてはならないのは、立て続けに起きた娘の事故と病気の際に支えてくれた部下たちです。次女のプール事故では、旅行と入院の付き添いを含めて、石垣島に計3週間滞在しました。長女が病気で東京都内の病院に1カ月半入院したときも、妻が次女の面倒を見て、私は長女に付き添うという役割分担をしたため、大阪営業所の部下が電話とパソコンで対応してくれました。このときの助けには本当に感謝しています。

このときの感謝の思いなどいろいろな経験が積み重なり、目先のことしか見ていなかった私は未来に目を向けるようになりました。

［第2章］

トップダウンの強制改革では、魂まで変えられない 何を言っても社員の心には響かない 2代目社長の憂鬱

東京に戻る

2008年、私は専務取締役に就任し、東京支店に勤務することになりました。父の体調が悪化したため、世代交代を前提にした異動です。ただ、経営陣に加わったからといって、社長である父は私に経営の相談をしたりはしなかったので名前だけの専務でした。

父はしっかりと石橋をたたいて渡る堅実な経営者で、ニッチな事業領域で地道な経営を心掛け、もち合わせた強いリーダーシップで事業を軌道に乗せました。

一方、強烈な個性の持ち主で、創業者として先頭に立ち、「俺が言うことだけやっていろ」「自分で考えるな」と強力に組織を引っ張っていました。いつしかワンマン経営に至り、息子の私から見てもものすごく怖い社長でした。

今なら大問題になりますが、当時はまだパワハラという和製英語は広まっていない時代です。社内の電話でよく「誰がそんなことを言ったんだこの野郎」と怒鳴っていました。もちろん、誰も歯向かいません。ただ、それだけ真剣に経営に取り組んでいたということでもあります。現に、指示が明確で早いので、それが良かったという社員もいます。

私は父が23歳のときの子どもで、年齢がそんなに離れてはいません。バレーボールでインターハイに出場したことなど、自分が若い頃はこうだった、こんなことをしたとよく自慢していたこともあり、私自身子どもの頃から父には負けたくないと思っていました。

また、父は東京で仕事をして週末だけ帰ってくるという生活を送っていたため、適度な距離感もありました。今振り返ると、父からさまざまな影響を受けています。男として、身近な目標と見ていたのです。私が大阪営業所で、父が仕切っている東京支店の売上を超えようと頑張ったのも、父に対するライバル心があったためだと思います。

私が専務を務めていた頃には以前の、俺の人生だからやりたいことをやって何が悪い、という自分起点の考え方はだいぶ変わり、子どもや孫が大きくなる頃、あるいは未来の人々のために、今、自分には何ができるだろうかということをすごく考えるようになりました。

社内でのポジションが上がり専務に就任するまでにだんだんと給料も上がっていくと、バブルの残り香のような良いものを食べたい、良い車に乗りたいというような物欲もなくなっていたのです。結局、楽しむのは自分ですし、どんな状況にあっても楽しむことはできるため、何かを手にしなくてはいけないとはあまり思わなくなりました。意識はしていませんでしたが、利益至上主義から脱却する下地ができていたのだと今なら分かります。

社長に就任

父が腎臓の移植手術をすることになり、私は2010年に社長に就任しました。ただ、手術は1年後だったため、先代の影響力が残ったままのスタートです。2代目社長は誰でも、最初は先代の影響下の状態で社長業を行うことになると思います。

引き継ぐには悪いタイミングでもありました。2年前の秋にリーマン・ショックで、世界的な金融・経済危機が訪れていたのです。影響は取引先にも及び、私たちの工場も稼働が半分以下に落ち込んでいました。売上はガクンと下がり、最悪の状態でバトンを受け取ったわけです。周りからかわいそうと言われるほど、大変な苦労の日々を過ごしました。

どのくらい最悪だったかというと、取引先の大手メーカーでは社員が週に1回程度しか出社していない状態でした。次の打ち合わせはいつ可能かを聞いても、稼働していないから何もない、という答えです。

ただ、世の中はこの状態から比較的早く立ち直り、間もなく工場の稼働も通常に戻りました。営業の頑張りもあり、業績はすぐに回復しました。

「縮小しても」という雰囲気に疑問

社長になる前、自分が社長になったらどうしたらいいかと考え、知り合いの社長などにいろいろと質問をしました。そのなかでも強く印象に残っているやりとりがあります。ある社長が就任して少し経った頃に社長になって最初に何を考えたか尋ねたところ、辞めどきだと言われました。

その社長も私も、子どもは娘だけで息子はいませんでした。当時、両親も含めて、私の周りの人たちは、代を継ぐのは男だから娘しかいないのであれば私の代で家業は途切れると思っていました。私にはそれに反発する思いがあり、この社長の言葉が気になっていました。

私が社長に就任したときも、会社には成長しなくてもいいという雰囲気がありました。それどころか、縮小してもいい、少数精鋭で利益をしっかり確保して、社員の生活を守ればいいのではないかという雰囲気でした。おそらく、私の後継者のことが念頭にあったのだと思います。

今後、設備の老朽化は避けられず、新たな設備投資が必要になるときが必ず訪れます。収益性を考えると積極的な設備投資はハードルが高いのではないか、という考えです。父も、同じように考えていたと思います。

これは、会社のことだけを考えると間違った考え方ではありません。私たちは付加価値の付いた特殊なろ布にフォーカスしていたため、マーケットには限りがあります。ろ布の市場は消耗品だから安くていいという考えが支配しており、いくら私たちが精度の高さを売りにしてもそうそうマーケットを広げられるものではありません。広いマーケットに打って出るための設備投資はなかなかできません。大手が進出しない狭いマーケットに適応したため、広いマーケットに出ていくためにはリスクを伴います。

社員のなかから誰かが一時的に継ぐということがあった場合も、もちろん会社の規模が小さいほうがかじ取りは楽です。そういうことも含めて、成長しなくていいという考えだったのだと思います。しかし、私はだんだんとそれは違うだろうと思い始めました。

「トップダウンはやめる」と宣言

父の経営手法はトップダウン型でした。しかし、私はその手法を継承しないと決め、社長就任時の挨拶でトップダウンはやめることを宣言しています。

この宣言に至るまでには、次のような考えがありました。まず、父と同じトップダウン型も、それとは違った会社はみんなのものだからという経営も、私には両方できます。

しかし、会社を継続させるためには社員に「考える人間」が必要です。私の代でトップダウン型を断ち切り、会社に考える人間がたくさんいるようになっていれば、それだけ強い組織になります。

会社という家を建てるためには、大地を整備し、柱を立てていく必要があります。創業者である父はしっかりとした柱を建てました。ただ、それは父がいるからこそ保たれた柱であって、後継する私は柱がぐらつかないようにそれを支える大地の基礎固めをして、会社の実力や技術、考え方をしっかりとさせなければなりません。

そして、次の世代が周りの壁をつくったり、いつか屋根をつくったり、ということをしていくんだろうなと思っています。だからこそ、トップダウンで引っ張っていくやり方では続かないと考えたのです。

社員の前でトップダウンをやめると宣言したとき、トップダウンでもできないことはないが、それは良くないと思っているのでみんなと一緒に考えたいということを伝えました。

社員たちは最初、自分たちの意見も聞いてくれるんだ、という反応でした。ただ、実際に会社組織を運営してみると、まったくうまくいきません。それまで指示されたことをやればいいと教育された社員たちが、いきなり考えなさい、とある日を境に言われても、今まで考えていなかったのだからできるはずがありません。

トップダウン型の会社は、指示待ちの組織です。工場の生産性を上げるために自ら学んで改善や改良をするということができません。何かに疑問をもって自ら動くのではなく、上からの提案があって初めて動き始めます。父は、そんなの誰が指示したんだ、何勝手にやってるんだということを言っていましたから、指示待ちになってしまうのも仕方がありません。

しかも、トップの判断に間違いがなければ、トップダウン型が最も効率の良い手法です。ただ、結果的に社員の創意工夫の芽を摘んでいました。

私たちは受注生産をしているため、顧客に納める製品によって工場内の人の動きは変わってきます。そのままでは動線が悪いというケースもよくあるのですが、社員たちは自ら改善しようと考えません。

父が社長を務めていたときは、母が製造部長として工場を仕切っていたため、動線などの問題は母が指示し、改善していました。

私が求めたのはいたって単純なことで、例えば社員に、工場ではこれまで1時間に10枚の製品を製造できたが、それを11枚にする必要があり、その理由は社員の年齢が上がれば給料もアップしないといけないから、と説明しました。しかし、期待どおりの反応は返ってきません。

トップダウンをやめると宣言し、各自が考えて行動する組織への変革を試みたものの、何も変えられませんでした。社員の立場では、今のままでも普通にやっていればそこそこ給料がもらえてご飯も食べていけるのに、なぜ変えなければならないのか、という思いがあったのだと思います。非効率なまま目の前の作業に追われる社員たちを見て、無力感に襲われるばかりでした。

ワンマン社長から引き継いだ2代目の悩み

ワンマン社長の父から経営を引き継いで困ったことの一つに、私自身が経営について素人だったことがあります。社長に就任する前に専務を務めたものの、いわば名ばかり専務です。社長業について丁寧に教えてもらうということはありませんでした。

父は昔の職人のように「見て覚えろ」というタイプです。これは本当に困りました。私たちの強みであるカレンダー加工技術は、生地に熱と圧力を掛けて目開き（繊維の隙間の大きさ）を自由自在に調節する技術です。加工の条件は季節などの環境の変化に合わせて変える必要があるのですが、一度に50メートル、100メートルといった長さの布を通すため、条件を間違えてしまうとすべてが使い物にならなくなります。このため、社長が加工条件の指示を出します。

そんなに大事なことなのに、私は加工条件の考え方を教えてもらえませんでした。ある日突然、今日からお前が指示を出せ、ときたのです。突然言われてもできるわけがありません。

幸いにも、父は非常にたくさんの数値のデータをメモして残していました。引き継ぎは、ここを見れば何か分かる、この件に関してはここを見ろという言葉だけでした。最初の頃は、山のようなデータから苦労してヒントを探していました。

ただ困ったことに、父の字はお世辞にも読みやすいとはいえないのに、それらのデータは手書きです。どうにかデータを見つけても、数字の解読がまた一苦労でした。数字を間違えたら、条件が変わって大変なことになってしまいます。見つけたデータだけでは不安なので、それに近い別のデータを探さなくてはなりません。７だと思っていたのに正解は

9か、というようなことの繰り返しです。社長に就任した当初は、夜中の3時、4時まで会社にいるような日々を送っていました。

銀行との交渉も同様です。社長交代の前に父に連れられて銀行や外注先などを回り、次は息子が継ぐのでよろしく、という感じで挨拶回りをしただけです。

そもそも、私が窓口となって銀行から会社の運転資金を借りたことがありません。運転資金はもちろんあったほうがいいのだと分かりますが、借りるべきなのか判断できませんでした。銀行から借りることに決め、プロパー融資で0・6％ですよと言われても、会社の業績から見て適正なのかどうかが分かりません。逆に1％と言われたときに、うちは業績が悪いからこれくらいじゃないと貸してくれないのか、となってしまい判断基準が何もない状況でした。

創業社長も同じように最初は判断基準がなく、真っ白なカンバスに好きな絵を描いていきます。ゼロから創造しなくてはならず、次々と選択を迫られる困難があると思います。

これに対して、2代目社長はある程度描かれたカンバスを先代から渡され、自分の色をどんどん入れていっていいよ、と言われる状況なのですが、私の場合は色を入れる手法が分からなかったのです。

そのため必要だったのは、この絵をもっと完成させるにはどうしたらいいのかという思考であり、それに必要な手法を学ぶべきだったのだと思います。

「自分の代で終わってもいい」という考えが「会社存続が第二」に変わった理由

会社を存続させることが大切だと明確に意識したのは、社長に就任して2年目の春です。高卒の若者を採用し、工場に配属しました。この社員は何事にも頑張って取り組み、私を信じて一緒に働いてくれて、たいへん好感をもちました。

しかし、この若者が定年近くまで働いてくれたときに、私はたぶん一緒には仕事をしていないはずです。さらにその間に会社がぐらついてしまい、何十年も頑張って働き続けたのにこの会社を選んだのは失敗だったと感じ、ずっとこの仕事しかしていなかったため、ほかに転職もできないという状況になっていたらその社員が不憫だなと考えました。採用した責任として、そのような状況には絶対にしてはいけません。１００年残り、それ以降も続いていく会社にしようと決心しました。

　翌年も高卒の若者を採用したのですが、前年の若者のときと同じようなことを思い「１００年続く会社に」という思いを強くしました。

　ただ、１００年続く企業を実現するのは簡単ではありません。私が中学生の頃、父はこの会社は１００年どころか１０００年は続く、と言っていたのですが、そのあとに時代は急激に変化し、愛社精神や終身雇用は過去のものになりつつあります。父も時代の荒波で会社経営を続ける難しさを感じていたのか、だんだんと弱気なことを言うようになりました。そして最終的に成長しなくてもいいという守りの経営スタイルに変わってしまったのです。

　会社を長く存続させるためには、長期的な視野が必要です。従来のように、利益至上主義で目の前の売上だけを見ていたら、長い航海のかじ取りはできません。この頃から、そのことに気づき始めました。

4つの社会課題の解決を目標に掲げる

社長に就任して最初に取り組んだことは、大きく2つあります。一つが、トップダウン型経営からの脱却でした。もう一つは、社会課題の解決を目標に掲げることです。

当時の私は、娘2人の事故や病気をきっかけに、お世話になった人々に恩返しをしたい、いいことをすべきだ、娘たちや孫の世代のために何ができるのだろうか、などと考えるようになっていました。

それ以前は自分を起点にして物事を考えていたのですから、大きな変化です。そして社長就任が近づいてきた頃から社長になったらどうしようかと考えるようになり、会社の成長に力を注ぐよりも、4つのテーマで社会課題の解決に貢献しようと決めました。

4つのテーマの1つ目は、固液分離のフィルターを多く扱っていたので、大きなテーマとして水を考えていました。そのため、未来のことを考慮したときに事業領域を液体に方向を定めて、環境から飲料水までの液体に関わることのできる会社にすることです。水の問題は今後、広範に社会問題化して大きくなると思います。この問題を解決するために、リサイクルウオーターの必要性（再生水の活用）は今後、ますます高まると考えたのです。

私にもやがて、死が訪れます。子どもたちに幸せに生きてほしいですし、孫にも幸せに生きてほしいです。でも、孫に関わる時間なんてわずかしかないだろうと考えたときに、世の中を良くして、環境を良くしておいてあげなかったら、私が水関係の仕事している意味がないのではないかと思いました。未来の地球環境をないがしろにして、まだ見ぬ孫に叱られてしまうわけにはいきません。

テーマの2つ目は、エネルギー問題です。資源には限りがあり、エネルギー問題は人類が解決すべき問題となっています。私たちが製造するろ布はろ過や抽出、分離をする技術に使われ、ガソリンやジェット燃料などから水分を除去する油水分離にも採用されています。当時、藻類からオイルを抽出する研究がいくつかの大学で行われていることを知り、関われるのではないかと考えました。

3つ目は、食料問題に取り組むことです。日本では人口が減少していますが、世界的には人口は増加を続けています。このままでは、いつか食料不足に陥ってしまいます。そこで、水耕栽培によって作付面積を増やせないかと検討しています。水耕栽培では、わずかですが根からゴミが出て、水が汚れます。これをきれいにして再利用する際に、私たちの技術が貢献できるのではないかと考えました。私たちが液体の有効活用について考えれば食料問題にも役に立つと思っています。

4つ目は、少子化の問題に取り組むことです。２０２３年1月に岸田文雄首相が「異次元の少子化対策に挑戦する」と表明しましたが、もちろん日本の少子化は今に始まったことではありません。１９８９年、1人の女性が生涯に産む子どもの数の平均である合計特殊出生率が1・57に落ち込み、1・57ショックと呼ばれました。人口を同じ規模に保つには合計特殊出生率が2を超えている必要があるのに、過去最低だった丙午（ひのえうま）の１９６６年の1・58を下回ったためです。その後も低下を続け、２００５年には1・26に下がってしまいました。

この深刻な少子化に対して私ができることは何かと考えた結果、しっかりとした会社づくりだという考えに至りました。働きがいがあり、経済が安定する職場をつくれば、社員も安心して結婚し、しっかりとした家庭を築き上げるに違いありません。家庭という土台がしっかりしていれば、なんの憂いもなく子どもが欲しいと考えると思います。

そのため、社員や家族が安心して生活できる働きやすい会社をつくろうと決めました。

何をしていいか分からず、社員にも理解してもらえない

４つのテーマを掲げたものの、自分自身が何をやっていいか分かりませんでした。このときに分かっていたのは、水の問題に関して、まずは本業をしっかりやるしかない、ということだけです。それ以外のエネルギー問題と食料問題、少子化に関しては、具体的に何をやったらいいのか見えていませんでした。

周囲に４つのテーマを公言していたため、口だけという状況になり、気持ちは空回りするばかりでした。

私自身が何をやっていいか分からずにいたのですから、社員も具体的に実行できるわけ

がありません。当然、私が掲げた４つのテーマに共感して、ついていくという姿勢を示すこともありません。当時、「社長が言って、社長がやるんだから、好きにしたら」という雰囲気だったのも当たり前です。

社内では、社員間のコミュニケーションを深めたいと考え、一緒にご飯や飲みに行く機会を意識的に増やしていました。ただ、必ずしもうまく回ったとはいえません。行かない場合に比べたら、一緒に食事をしながら話すことによって距離が縮まった面はあると思いますが、私も遠慮していたところがあり、それほど仕事の話はできませんでした。

経営の神様と呼ばれる京セラ名誉会長の稲盛和夫さんが社員間で本音を語り、組織力を向上するために定期的に飲み会を開いていると何かで知って、まねをしたのがきっかけでした。

しかし、本質を理解せず、単に飲み会を実施したのが間違いでした。結果的に各自が好き勝手に盛り上がり、ただ飲食をして終わりになってしまいました。今なら、テーマを決めたうえで食事会を開くなど何か工夫をしておけばよかったのだと分かります。

しかも、工場がある場所は電車で移動する都市部ではなく、車社会の田舎です。酒を飲んでしまうと運転代行やタクシー代が掛かり、仕事帰りに飲みには行きにくいという背景もありました。

同じ狙いで、飲み会ではなく社内での茶話会を企画したこともあります。私が期待していたのは、まず趣味や最近の過ごし方などの自己紹介があって、そのあとに会社で困っていることや、改善の提案などについて話をすることです。ところが、希望者だけを集めて実際に開催してみると、テレビ番組や芸能人の話などの雑談だけで終わってしまいました。さすがにこのときは腹が立ち、せっかくこういう場があるのにもっと仕事に関して話すことがないのか、と言ってしまいました。

結局、その1回だけで茶話会は終わりました。今、客観的にこのときのことを振り返ると、私の思いや狙いをうまく伝えられなかったことに失敗の原因があると分かります。このときは、どうしていいか分からずに空回りするばかりでした。

ナンバー2が必要だった

茶話会でそんなにも腹が立ったのには、私なりの事情があります。当時、父から社長業を引き継いだばかりで、毎日午前3時、4時頃まで父が残した古いデータを探していました。それをしないと、工場の機械を適切に稼働させられない状態だったのです。仕事のことで頭がいっぱいな状態で、社員たちが芸能人の話をしているのを聞くうちに、俺が夜中まで仕事をしているから会社が通常どおりに回って茶話会を開けているのにふざけるなよ、という怒りがふつふつと湧き上がってきたのです。

そして、誰がこの会社でいちばん働いているんだと思っているんだ、と口にも出してしまいました。もちろん、後悔し、反省しました。

振り返って考えると、社内にナンバー2、ナンバー3という管理職のキーマンをしっかりとつくっておき、私と社員をつなぐ役目を担わせる必要があったのだと分かります。会社の規模によってナンバー2、ナンバー3の重要性は異なると思いますが、私たちの会社の規模でも必要性は感じます。

例えば、茶話会では、事前に管理職に「最近の過ごし方のように、お互いのことを知るための話題も大事だけど、今回は会社を良くするためのざっくばらんな話がしたい。だから、そういう話になるようにもっていってほしい」と仕込んでおくべきでした。飲み会でも同じことがいえます。私の思惑や期待、思いが何もせずに伝わるわけがありません。その努力もせずに、分かってもらえると感じていたのは大きな間違いでした。

社員は会社の考えや方向性を聞いた瞬間はいったん納得しますが、完全に理解するまでには時間が掛かります。そのときに、私の考えを深く理解しているナンバー2、ナンバー3という管理職、つまり私の右腕がいれば、繰り返し同じことを社員に伝えられます。また、全国に拠点がある場合、拠点を行脚して同じことを言って回るのは現実にはとても難しいため、私の分身の右腕の出番となります。

社長就任当時は、すべてを一人でやろうとしていました。機械の条件を決めるのも従来どおり社長の仕事として続け、一人で苦労を背負い込んで午前3時、4時頃まで働いていたわけです。そうではなく、ほかの管理職に仕事を分散すれば、私は会社の未来を考えることにもっと頭を使えたのだと思っています。

そういったことが分かっていなかったので、社長である私と社員の間にいつしか溝ができていました。

当時、とてもショックを受けた出来事があります。工場でミスが発生し、社員2人が休日出勤をして対応することになりました。私も手伝おうと、現場で作業に加わりました。一段落し、せっかくだから飲みに行こうかと2人を誘った席上です。もっとみんないろいろ考えて、こういうふうにするといいよね、試してみようかというのがあってもいいのでは、という話をしていたと思います。すると、社員の一人が、僕らはサラリーマンで、時間を会社に売ってお金をもらっているのでそれはないです、というようなことを言いました。

明確に線を引かれて、ものすごく衝撃を受けました。当時は、社員みんなが同じ気持ちで同じ方向に向かって仕事をしているものだと思っていましたから、「会社があるから生活できているんだ」「この会社が良くなれば自分の生活も良くなるんだ」とひも付けて考えているのだと思っていたのです。社員と自分の会社に対する考え方の差に気づかされた瞬間でした。

利益の追求が理念だった

社員が一つにまとまるためには、経営理念やビジョンが明確に示されている必要があります。経営理念は、会社の考え方の基本です。理念があって初めて、会社が向かう方向性、つまりビジョンが決まります。

今振り返ると、父が社長を務めていた時代は、父の存在や考えそのものが経営理念だったといえます。判断に困ったり、目標を見失ったりしたら、父に聞けばよかったのです。

父が社長を退き、私が後継者となったとき、社員は社長という経営理念を失ったのです。私が代わりに社長として社員の理念となる存在になろうにも、なかなかそうはなりません。

私もこのとき、自分自身の理念やビジョンに変化が起きていました。バブルで世の中が狂乱しているときに学生時代を過ごし、社会人になってからも利益至上主義でまっしぐらに突き進んでいた当時の私にとっては、儲けることが理念・ビジョンでした。

ところが、その利益至上主義は揺らいでしまいました。利益至上主義の代わりに4つの社会課題を目標に掲げてはいたものの、社員たちが自分事としてとらえられるような理念・ビジョンではありませんでした。

私が社長に就任したときは、私も社員も理念やビジョンを失い、どこに向かっていいか分からない状態だったといえます。

都会のオフィス街で道に迷っている人がいると、その人はすごく目立ちます。ほかの人は目的地に向かって早足で歩いているのに対し、道に迷っている人は歩く速さが違います。時々立ち止まり、周囲をキョロキョロ見渡します。人も会社も、目標を見失うと歩みは遅くなるものです。

当時の私は、考える習慣を身につけられずに戸惑う社員を否定的に見ていましたが、道に迷って戸惑っていたという点では私も同じでした。

4つの社会課題の解決を目標に掲げる一方で、自分自身が何をしたらいいのか分からず、地方の中小企業の社長がそんなことを一生懸命考えたところで何ができるのかと半ば諦めていました。私には何もないなと考えてやさぐれ、飲み歩いていたのが実情です。

この状況を打開してくれたのは、生涯の師と仰ぐことになる人物との出会いでした。

第3章

企業理念を見直し、自社の存在意義を社員と共有する会社の強みを理解した社員たちが一つにまとまり、自発的に動きだす

経営理念の重要性に気づく

先代の父は「すべての企業の業態はサービス業である」「積極的により良い商品をより速くつくる」などの言葉を残していましたが、それらには会社が存在するための土台となる言葉がないことに気がつきました。

父の言葉は、経営理念というよりも実際に活動するときの考え方に当たるものです。木の幹ではあっても、木を支える根っこ（土台）ではありません。会社には経営理念という土台が必要です。会社の存在価値や、会社が活動する理由を示す土台です。そのため、私たちは経営理念づくりに取り組んでいきました。

以前までの私は、会社は生活の基準であり、給料をある程度もらわないと生活が良くならないと考え、営業担当の部下には工場で働く社員は営業できないのだから工場の人数分も営業の人間が稼ぐべきだと発破を掛けていました。

稼ぐことは、疑う余地もない正義と信じ込んでいたのです。成長もしなくてはいけないし、より良い生活のために給料も上げていかなくてはなりません。そのためには売上を常に上げていかなくてはならないと考えていました。

しかし、それはHow to do(やり方）論であって、経営理念にはなり得ません。もっと、誰のためになんのために何を行うためにこの会社が存在しているのか、ということの本質的な価値を考える必要があったのです。

大久保氏との出会いと学び～王道経営とは

そんなときに、のちに会社経営の師匠というべき存在となる人と出会います。電話機販売の自由化を目指して25歳で新日本工販（現フォーバル）を創業し、上場企業3社を含む約30社の企業グループに成長させた大久保秀夫・同社会長です。企業経営と並行して、私塾「大久保秀夫塾」を主宰するなど若手経営者の育成にも尽力しています。

私が出会う前年の２０１４年には、一般社団法人公益資本主義推進協議会（ＰＩＣＣ）を設立して会長（代表理事）に就任し、社会全体の利益を考える資本主義「公益資本主義」の必要性を唱えていました。

私が大久保会長に出会ったのは、２０１５年でした。私たちの会社に出入りしていた保険外交員が倫理法人会の会員ということもあり、以前から倫理法人会に誘われていました。早朝のセミナーは苦手だったためお断りしていると、ある日、イブニングセミナーという夕方のイベントがあると言うのです。それならばと、セミナーに参加しました。

私はゲストという立場だったため、最前列に座らされました。すると、登壇した大久保会長は欧米型の資本主義を否定し、地球全体の利益、つまり地球益に貢献することの大切さを吠え始めました。まさに吠えたという表現が正しかったと思います。その内容に衝撃を受けました。

その頃はちょうど、娘の事故や病気をきっかけに、悪いことをやめて良いことをしよう、結局人は誰かのためにというのがいちばん頑張れるはずだと思い、子どもたちや孫たち、その先の人たちのことを考えていました。

一方で、ビジネスに関しては、体に染みついた欧米型の資本主義から抜け出せずにいたのです。稼ぐことが正義であり、良い場所、良い家に住んで、良い服を着て、良いものを食べて、というのが成功であると信じて疑っていませんでした。

その状態で、大久保会長から洗礼を受けました。大久保会長は、三方良しや、仕事は世の中のお困りごとを解決するためにある、まず身近な人間を幸せにしないといけない、といった日本型の資本主義、つまり公益資本主義の良さを説きました。みんな儲かるか儲からないかで物事を判断し過ぎだ、本当に大事なのは良いか悪いかだ、というフレーズがどんどんと出てきて、まさにわが意を得たりと心地良く感じました。私の思いを分かりやすく、熱く語っていたのです。この人しかいないという気持ちになりました。

大久保会長が話した日本型の資本主義については、それまでにも三方良しや和を以って貴しとなす、吾唯知足などはもちろん聞いたことがありましたし、意味も知っていました。

しかし、昔の人はそういうふうに考えていたという認識にとどまり、実践しようという考えはまったくなかったのです。おそらく、ほとんどの人が同じだと思います。

私が小学生の頃は、醤油や味噌の貸し借りはなんら特別なことではありませんでした。人情があった古き良き時代の名残といえます。今は時代の変化により個人主義の人が増え、対人関係の希薄さが目立つように感じます。みんなのために、三方良しでやらなきゃダメだと本気で実践している人がいるとは思ってもいませんでした。しかも、上場してグループ企業を何十社ももっている人です。そんなことを言うんだと驚きました。

完全に心をつかまれました。話のなかで、大久保会長の一般社団法人公益資本主義推進協議会（ＰＩＣＣ）が若い経営者たちを育てる会を開くと言うので、すぐに事務の担当の人に参加を申し込みに行きました。

しかし、これは紹介制なんですと断られてしまいました。そこで、その担当者と話をしていると、私と同じ栃木県出身ということが分かりました。さらに聞くと、隣町です。そういった雑談をしばらくして、その人に、君が僕の紹介者ということでいいよねと押し切って、そのまま入会しました。少々強引でしたが、ここで諦めていたら今の私はありません。

私はそれまで、ＯＪＴからの自己流で経営をしていました。大久保会長が新たにつくる会は、日本型の資本主義、つまり公益資本主義という考え方を広げ、若い経営者たちに実践してもらうための会だというので、まさに私にうってつけでした。大久保会長の活動を手伝っていれば、私が掲げ続けている４つのテーマも実践できるのではないかという可能性を見いだしたのです。

それからは経営について学ぶ日々です。ＰＩＣＣの活動として、東京と大阪でＰＩＣＣ会長塾という勉強会が始まりました。東京と大阪は同じ内容なのですが、私は両方に参加しました。

さらに、大久保会長が全国各地で講演会を開いていたので、その講演会も追い掛けて聞きに行きました。当時は毎週のように話を聞きに行っていました。大久保会長は私の顔を見ると、今日も話す内容は一緒だと言うのですが、そんなことは関係ありません。1回しか聞かないよりも、2回、3回と聞いたほうが腹落ちもしやすかったのです。1年以上、大久保会長の追っ掛けを続けました。

社長業のかたわらの追っ掛けですから、スケジュール調整が大変です。出張と絡めて大阪に日帰りで行ったり、福岡には1泊で行ったり、勉強会後の懇親会にも参加し、同じ思いで学ぶ仲間が各地に増えていくというプラスアルファのメリットもありました。

追っ掛け続けたため、大久保会長には「こいつ、年がら年中いるな」という目で見られていたと思います。大久保会長は以前から大久保秀夫塾を開講するなど経営者の育成に力を入れていましたから、私の先輩たちがたくさんいます。そのため、一番弟子という存在にはなり得ないのですが、存在は印象づけられました。声を掛けてもらったり、勉強会でたまに「この部分は何回も聞いているんだから、ここから先はお前が話せ」と言われることもありました。

理念とビジョンとは

かつて社員が360度バラバラの方向へ好き勝手に走っていたのは、経営理念とビジョンが浸透していないことが理由でした。この経営理念とビジョンについて考えてみます。

経営理念とビジョンは互いに支え合っているものです。ビジョンは、その会社の理想の姿であり、目標です。

ビジョンを表明するということは、その理想に向かって進んでいくという決意表明でもあります。理想を掲げたならば、現在の姿と見比べてみると自然とギャップに気づかされます。そのギャップを埋めようとして初めて、会社は理想に向かって進むのです。これこそが、ビジョンを掲げる最大のメリットであるといえます。

ビジョンは目標、目的、なりたい姿ですが、それは経営理念から生まれたものでなければなりません。

なぜなら、経営理念はその会社がなんのために・誰のために・何をするために存在するのか、という会社のあり方を示したものですから、ビジョンや経営理念のどちらか一方では成り立たず、お互いに補完する関係にあります。

経営理念やビジョンを定めるためには、自社はこのような会社だ、というなんとなくのイメージや、創業者の思いなどを言葉にする必要があります。これも重要な要素です。言語化して初めて、社員間で思いを共有し、議論することができるからです。また、経営理念やビジョンが言語化されずに経営者の頭のなかにしかない場合、経営者が代替わりするとビジョンが失われることになります。会社が迷走することを避けるためにも、ビジョンを言語化しておかなければなりません。

そして、言葉だけでは伝わらないため、動画にするなどの工夫も必要になります。

ビジョンを定める場合、注意すべきことがあります。ビジョンは進むべき方向を示すものですが、現在立っている地点を起点に目標設定をすると、3年後のあるべき姿、6年後のあるべき姿というように考えることとなり、低いところに落ちついてしまいがちです。今から頑張ってもこの程度だろうとなってしまいます。

そして、目標が低いとそこで妥協してしまい、大躍進ができないのが人間というものです。

そこで、まず100年先のビジョンを考えます。100年後は生きていないと思いますし、社会がどう変わっているかも分かりません。

しかし、分からないなりにいろいろと想像してみます。すると、50年後の会社はこのようになってないといけないということ、30年後の会社はこの状態になってないといけないというように考え、より具体的になっていきます。本当になりたい未来の姿から、逆算していく方法です。

私が100年ビジョンを定めるときに浮かんだ考えの一つに、「空気や水が汚くて、外に出るときはみんなガスマスクをしなくてはいけないような世の中になったら嫌だな」ということがあります。私たちの会社の本社は栃木県にありますが、田んぼではカエルが鳴き、田植えの時期には子どもたちが入り込んで農家に怒られて……というような状況がこのまま続いてほしいと願っています。

残念ながら、そのような田畑のカエルや虫なども年々減っているのが現実です。100年後に農薬をまいていて危ないから入らないほうがいいとか、工場の排水がたくさん流れてくるから危険だという環境には絶対になってほしくありません。

そのため私たちは、水処理の技術を活かす形で、そういう世の中にしないために貢献している未来の姿を思い描きました。

企業理念づくり

大久保会長の教えによって、私の頭のなかを支配していた利益至上主義は完全に否定されました。あとから振り返ると、大久保会長に出会ったときにはすでに、私のなかで利益至上主義からの脱却は進んでいました。漠然と、未来の子どもたちのことを考え、より良い社会、今より悪くならない社会を残さなくてはいけない、と思っていました。

だからこそ、大久保会長の言葉に出会ったときに、私の心に染み込んだのです。私の思いが、大久保会長の力を借りて言語化されたともいえます。

かつては、稼ぐことが理念でした。稼ぐという旗印のもと、私は社員に対して指示をすればよかったのです。しかし、この理念を否定してしまうと、なんのために仕事を頑張り、なんのために会社が存続するのかということを語れなくなりました。私自身も迷子になっていたので、何を言っても説得力がありません。

経営理念づくりは、大久保会長に出会う前の２０１４年頃に、経営コンサルティング事業を行う神奈川県の会社に依頼していました。約2年半にわたり、前半は主に管理者の育成と研修、後半はその振り返りをしながら一緒に経営理念づくりに取り組むという流れです。

このコンサルタント会社との出会いも非常に印象的でした。経営コンサルタント会社をウェブで検索し、そのうちの一社の印象が良かったため資料を請求すると、送られてきた資料が文字化けしていました。文字化けしていますが大丈夫ですかと連絡し、担当者と何度かやりとりするうちに、とてもフレンドリーに話ができる人だなと感じたため、その会社に理念づくりを手伝ってもらうことにしました。

理念づくりは、幹部を集めて、どんなことがうちの会社にできるのか、何が得意なのか、世の中にどうなってほしいのかと深掘りしながら進めました。会社で働く人にどうあってほしいのか、というのも考えましたし、世の中のお困りごととは何かという問いに対して、そのなかのどれかを解決できるとしたら、うちはどことつながっていくのかということも考えを出し合いました。大久保会長の会長塾も始まっていたので、そこで学んだことについてコンサルタントに質問をし、いろいろなアドバイスも受けました。

それまで幹部たちは、会社にとっての経営理念とはどういうものか考えたことはありませんでした。戸惑いもありましたが、コンサルタントが理念の大切さを丁寧に説いてくれたことで、理念は大切で、つくらなくてはいけないものだという思いは一致していました。私はＰＩＣＣの勉強会で理念について学び、他社の理念も多数参考にしました。コンサルタントも理念づくりに役立つ教材をたくさん持っていたので、幹部たちも積極的に納得しながら理念づくりを進めていくことができました。

そのようにしてつくった経営理念は次のとおりです。

経営理念～当社の存在意義～
私たちは、家族・共に働く仲間・顧客・仕入先・地域社会等、
全ての関わり合える人々の幸福と笑顔を創造する。
そのために、社業を通じて、人と事業の可能性を探求し、
自然と環境を護る。
これを未来へ継承する。

最初の「家族・共に働く仲間・顧客・仕入先・地域社会等」は、大事な順番に並べています。共に働く仲間が家族の次にありますが、社員は家族と同じくらい、あるいは家族以上に一緒に時間を過ごす仲間です。そういう意味で、家族と社員は同等だと考えています。

大久保会長には、経営理念に対する解説書をつくるように言われていたため、解説書も

つくりました。なぜ解説書が必要かというと、例えば「幸福」や「家族」という言葉が経営理念には使われていますが、その言葉に対するイメージは人それぞれに違うためです。

経営理念それ自体の言葉を選びつつ、解説も一緒に検討しました。こうした作業を通じて、幹部職員は経営理念を深く理解してくれたのだと思います。

100年ビジョンづくり

経営理念を定めたあとは、100年ビジョンづくりに取り掛かりました。ビジョンというものは経営理念と同じようにその時々の経営環境によってころころと変わるものであってはなりません。100年経っても絶対に変わらない会社の方針である必要があります。そのための100年ビジョンです。

しっかりとしたビジョンで会社の進む方向が示されていれば、壁に直面してもくじけることがありません。ビジョンは、その壁をなぜ乗り越えなければならないかを示すものだともいえます。

100年ビジョンを策定したあとは、50年後、30年後……のあるべき姿を逆算して考え、数値を当てはめていきました。それまで私たちの会社は中期経営計画を策定したことがなく、中期経営計画も100年ビジョンのあとに初めて策定しています。

「社長が変な宗教にはまった」と拒絶反応

大久保会長の追っ掛けを続けるうちに、会社が困ったことになりました。勉強会で何かを学ぶたびに会社の経営ですぐに実践していたため、社員の間で社長が変な宗教にはまっている、という評判が広まってしまったのです。教えの一つに「経営者が変わらなければ、会社は変わりっこない」というのがありました。そこで、以前は稼げと言っていたのに、仕事のやりがいとか家族のため、次の世代のためにと180度違うことを言い始めたのですから、社員は驚いたのだと思います。

会社経営に学びを活かすほかにも、たばこの投げ捨てをやめて自分の携帯灰皿を持ち歩いたり、道に落ちているゴミを拾ったりするようにしました。それまでの私を知っている社員たちは驚きを通り越して気味の悪ささえ感じたと思います。

しかし、私にとっては、「地球益」に共感し、自らも善い行いをしよう、と考えている人間がゴミを投げ捨てるような小さな悪事をするわけにはいかないという自然な行動変化だったわけです。

いちばん衝撃的だったのが、私が脱走事件と呼んでいる出来事です。私たちの工場では毎朝、朝礼をしています。当時は、社員がバラバラに集まってきて、整列もせずに始まっていました。当番が前に立ってスピーチをし、話が聞こえているのか聞こえていないのかも分からないような状態で進みます。最後にラジオ体操をして仕事を始めるという流れでした。

ある日、いつもどおりの風景を見ていてやり方が気になり、管理職に、あんな朝礼のやり方で本当に良いと思っているのかと声を掛けました。どうやればいいのかと指示をするのではなく、せっかく朝礼をしているのに、もったいないやり方ではないかと提案するニュアンスでした。声を掛けられた管理職も、あんまり良くないですねと反応し、社員たちで考えた結果、整列して話を聞き、話が終わったあとに列を保ったまま間隔を開けてラジオ体操をするスタイルに変えました。このスタイルは今でも続いています。

ところが、変更した直後にベテランの社員たちが今までの会社と違う、と言い始め、一人がこんなのは自分たちの会社じゃない、と朝礼の最中に脱走してしまいました。それまではアットホームな雰囲気で、いろいろなことをフランクに話せる関係だったのに、軍隊のように規制されるのは嫌だと感じたのです。この脱走事件の結末は、若手社員が逃げた社員を追い掛けていき、そうじゃないですよと説得して戻ってくる形で収まりました。

「たまたま悪い方向に出ているだけ」の言葉に救われる

この脱走事件は、ちょうど大久保会長の追っ掛けをしていた2016年頃の出来事です。社長が変な宗教にはまっているという評判が広まり、このような事件も起きて、自分の変化は社員にとって良くないのかな、という挫折感を味わっていました。

それを乗り越えられたのは、大久保会長の補佐をしている人の言葉のおかげです。私が置かれている状況をその人に説明すると、たまたま結果が悪い方向に出ているけれど、あなたが変わったから周りが変わり、そのあなたの変化は周りは理解されていない場合もあるが、確実にあなたは変化しているので、それを間違ってはいないと思っているのなら、自信をもってその変化をみんなが納得できるようにやり続けたほうがいい、と言ってくれました。

この言葉が励みになり、そこで折れることもなく、手を抜くこともなく、突き進められました。

社是、社訓をつくり、毎朝唱和

経営理念を定めたら、もちろんつくりっぱなしではいけません。一緒につくった幹部職員は経営理念の言葉一つひとつに込められた思いを深く理解していますが、ほかの社員にも分かってもらう必要があります。社員に理念を浸透させる難しさは、どの経営者も感じているのではないかと思います。

私たちはまず、丸暗記してもらおうと、朝礼で唱和することにしました。さらに、工場の社員にはテストのようなものを出す工夫をしました。

どういうことかというと、ちょっとした作業の合間を利用して経営理念を覚えられるように、工程管理や一日の作業予定表などの余白に穴埋め問題を書き込んだのです。冒頭部分なら「私たちは、家族・共に働く仲間・顧客・仕入先・（　）等」のようにします。引っ掛け問題のつもりではありませんが、「自然と環境を（　）」は「守る」ではなく「護る」が正解です。これは、私たちが言葉を選ぶ際に、「改善して、今より良い環境をつくり出そう」というよりも「今より絶対に悪くしてはいけないんだ」という強い思いを込めて、保護の「護」の字を使ったのです。私たち幹部職員が理念に託した思いを知ってもらうためにも、穴埋め形式は良いアイデアだと思いました。

ただ、残念なことに、工場の社員への浸透はうまくいきませんでした。唱和は1年くらいサボっていたことがあとになって判明します。穴埋め問題も、コピーして使い回していたため、ほとんど効果がありませんでした。暗記をしているかテストをしたところ、営業の社員はみんなそらで言えたのに工場の社員は成績が悪く、真面目に取り組んでいないことが判明しました。今では、工場の社員も皆、唱和するようにしています。

営業担当の社員については、私から顧客に対して営業はみんな経営理念を暗記しているので時々聞いてください、と発信しましたから、必死になって覚えるしかありません。

経営理念に関しては、意味を説明した解説書を渡したほか、持ち歩けるように経営理念を記したクレドカードも作成しました。まずは暗記することが大事です。とにかく社員が経営理念に触れる機会を増やすようにした結果、大半の社員が言えるようになりました。

振り返ると、経営理念を一緒に作成した幹部職員が各部署でミーティングや飲み会を開き、話し合う機会を設ければよかったと思います。話し合う機会があれば、当事者意識をもってもらい、理解度も深められたと思います。

「言葉は通じない」

経営理念を丸暗記させ、100年ビジョンも作成して社員に示したところで、再び壁にぶつかりました。社員が理解したという感触がまったく得られないのです。私が勉強会で学び、感銘を受けたことを話しても、まったく理解してもらえないどころか、こういうことをやりたいと語っても、まったく伝わりません。自分なりに努力をしたつもりですが、どうしようもありません。

極端にいうと、私がこういうことだと言葉で説明し、方向を示して号令を掛けても、まるきり反対方向に走っていく社員がいました。そんなことは言っていないのにどういうことなのかと戸惑うしかありません。

社長に就任する前は、こうした状況にはあまり出会いませんでした。営業の売上を上げることが私の仕事や関心の大部分を占め、部下と同じ方向に進めたためです。しかし、社長ともなると広い視野で会社全体を見なければなりません。そのたびに社員全員の手を引いて進むわけにはいきません。そこでぶつかった壁です。

こうした悩みを抱えていると、大久保会長にそもそも言葉が通じると思っていること自体が間違っている、と明快に言われました。

人はそれぞれ、生まれ育ったバックグラウンドや経験がまったく異なります。もっている情報が違うのですから、言葉を発した人と、受け取った人が同じイメージをもつことはあり得ません。だから、私が頭に描いたイメージを言葉にして伝えようとしても、その言葉を通じて相手に同じイメージが入っていかないのです。

この話を聞いたとき、それが入るようにいろいろと言い方を変えたりしながらやっているんですと言い返しましたが、そもそも発想できる情報をもっていない相手だったら、どんな手を使っても入らないよと言われました。

例えば、未来について考えるとします。私が将来の水不足を例に水の大切さを話しても、そうはいってもと思う人が必ずいます。日本では水道のハンドルをひねれば蛇口から潤沢に水が出てきてそのまま飲めるので、世界には飲料水に困っている人がいるとは想像もつきません。しかし、ＳＤＧｓ（持続可能な開発目標）の目標６は「安全な水とトイレを世界中に」であり、ターゲット（具体目標）として「２０３０年までに、だれもが安全な水を、安い値段で利用できるようにする」「２０３０年までに、汚染を減らす、ゴミが捨てられないようにする、有害な化学物質が流れ込むことを最低限にする、処理しないまま流す排水を半分に減らす、世界中で水の安全な再利用を大きく増やすなどの取り組みによって、水質を改善する」（訳文は日本ユニセフ協会のウェブサイト）などが示されています。しかし水不足を経験したり、身近で困っている人を見たりしたことがなければ、水不足をイメージできるわけがありません。

経営者は山の頂上にいるようなものです。事業の状況を把握しやすい立場にあります。頂上から見ているから、この道を通ったら楽だと考えられるわけです。一方、社員たちは山の中腹にいるかもしれないし、麓にいるのかもしれません。それぞれ、この先に何が待ち構え、どうなるのかなんて分かりません。ましてや、会社全体や世の中の状況を見ることはほぼ不可能です。そういう状況の社員にこの道を進むのがいいと言ったところで、理解してもらえないのは当然です。

「100年ビジョン」の動画を作成

言葉は通じないことが事実ではあっても、これを言い訳にして伝えることを諦めるわけにはいきません。大久保会長にどうしたらいいのか尋ね、他社の事例をいろいろと教えてもらいました。そこで実行したのは、100年ビジョンの内容を動画にすることです。言葉を使うと人によって受け取るイメージが異なってしまいますが、動画で視覚的に見せれば全員に同じイメージを伝えることができます。

動画の長さは10分以内、理想的には7分程度が良いと思っているのですが、最初はさまざまな内容を盛り込んで約15分の動画をつくりました。まず、画像で少子高齢化やグローバル化、技術の発達による問題など今後起こり得ることを示し、問題提起をしました。次に、その問題提起に対して、私たちができる可能性を見せていきました。

動画の効果は絶大です。それまで社員たちは360度バラバラの方向に向かっていたのに、少なくとも反対方向に行くことはなくなりました。もちろん、全員が同じ方向に、というのが理想ではありますが、反対に行かなくなった分だけでも大きな前進です。

社員たちからすると、こういうことが言いたかったのかという思いだったはずです。そのあとも中期経営計画を発表するタイミングで手を替え品を替え、工夫をして動画をつくり続けました。これからの会社の方向性や今年のあるべき姿、来年の目標などという具体的な説明をします。

ただ、私はガラッと変えたつもりでも、社員たちからするとまた同じことを話しているという雰囲気になっていきました。これは逆に、私にとってはいろんな言い方をしても、私自身はぶれていないというものすごい自信につながっています。

社員たちが反対方向に行かないと、会社の進む力が前方に集中します。定期的に動画をつくり続けるうちに、社員たちが進む方向が前方の左右45度（90度以内）に収束していきます。すると、推進力はさらに強くなっていきました。社員たちがそれぞれやるべきことが分かってくると、会社には勢いがつくものです。

この勢いは、売上アップという形で表れています。社長に就任した２００９年当時と比べて、現在は売上が50％アップしています。

語るより見せる

この成功体験の結果、何かを伝えたいときには語るより見せることが増えました。見せる動画は、自分でつくったものだけでなく、YouTubeなどで見つけたものも含みます。

例えば、リーダーとはどういうものかを伝えるときによく使う動画を紹介します。YouTubeで見つけた海外の音楽祭での映像なのですが、最初はいきなり裸の男が一人で踊り始めます。周囲が傍観していると、もう一人が踊り始めます。この2番手が頑張って踊ることによって、3番手が現れます。すると、そこからムーブメントが起きて、次々と踊りの輪が広がってグループとなります。

この最初の裸の男は最終的にリーダーとなりますが、一人だけで踊っていたときにはまだリーダーではありません。

この映像が伝えるのは、リーダーは一人で孤軍奮闘するものだと思いがちだけれども、リーダーをリーダーたらしめるのは周りの人間なのだということです。そして、2番手、3番手の重要性です。誰もが最初の踊り手になることがあります。このときに意識しなければいけないのは、どんなに一生懸命踊っても、2番手、3番手が現れなければ一人で踊っているだけで終わってしまいます。周りの人間は、その1番手に立とうとしている人をいかにフォローしてあげられるか、ということを考えます。リーダーを盛り立てようと思うなら、自分も一緒に踊らなければなりません。それが周囲に伝わってムーブメントとなったとき、想像もつかなかったような絶大な力となって会社や世の中を変えていきます。

会社のリーダーは社長ですが、小さなプロジェクトや日々の生産、営業はそれぞれのリーダーが引っ張っていきます。そのときに必要となるリーダーシップは、2番手、3番手が鍵を握っています。いかにリーダーが頑張っても、周囲がリーダーを盛り立てようとしなければ、リーダーは一人で踊って空回りをするだけです。チームや組織を生かすも殺すも、リーダーの周りの人間次第ということになります。リーダーと周囲が力を合わせて踊ったらどれだけの力を出すか、動画で理解してもらえたと考えています。

稼ぐことは悪いことではない

利益至上主義から脱却し、公益資本主義の重要性を学んだことを強調して書いてきましたが、決して稼ぐことが悪いといっているわけではありません。社員やその家族が生活する基本となる会社が長く続くためには、もちろん利益が必要です。ただ、その利益を出すことが目的になってはいけません。

　私たちの目的はあくまでも会社を存続させることであり、そのための手段として利益を必要とします。利益のために社員が苦しんだり、利益のために顧客や取引先に不誠実なことをしたりしては本末転倒です。だからこそ、私たちの経営理念には、「家族・共に働く仲間・顧客・仕入先・地域社会等、全ての関わり合える人々の幸福と笑顔を創造する」というフレーズが最初にあるのです。

　私はPICCの活動で小学校から大学まで要望に応じて出前授業に出向き、いろいろな話をしていますが、利益について話すこともあります。このときに、ちょっと汚いのですが、利益は大便と一緒、金もうけは大便を追い掛けるのと同じことだと例えて説明します。ちゃんと食べて寝て、適度な運動をしていれば必然的に出るものなのだよ、と言うのです。会社経営も同じで、きちんと目的を考えてやるべきことをし、お客さんが喜んでくれれば利益は出てくるのです。

会社がまとまって勢いが出る。
工場完成前倒しなどの成果につながった

経営理念やビジョンを策定するなどの改革の成果についていうと、私たちはもともと静岡県浜松市の工場で布を織っていたのですが、駅から近い立地だったため周囲が住宅街になり、地主が売却の意向を示していました。5年待ってほしいとお願いし、2017年に初めて中期経営計画を策定した際に、工場の建設予定を2022年度と決めました。

ところが、会社に勢いが出て売上が上がり、資金のめどがついたため、2020年11月に前倒しで完成にこぎ着けることができたのです。

これも、理念が社内にきちんと浸透し、組織が一丸となって同じ方向を向いたことによる成果です。

社員の変化としては、こういうこともあります。この数年、M&Aの話をもち掛けられることが増えてきました。例えばフィルターも扱っているような大手メーカーが、私たちの会社を吸収合併して一事業部としたいなどです。当然、話のなかで、横のつながりから売上がこう上がります、とメリットを強調されるわけですが、利益至上主義的な提案であることが多く、社員にその話をすると、私たちは社会問題の解決のために仕事をしているのだ、と憤慨しています。

社内には経営理念やビジョンが浸透してきているので、利益よりも理念に従いたいと思うのです。その心意気はうれしく感じます。

一方、現在は製造現場が忙し過ぎて、効率化や改良・改善、新たなことへの挑戦ができない状況なのも事実です。よく、理念をつくって浸透させれば、物事の80％や50％はうまくいく、という話を聞きますが、実際にやってみると少し違うなと思います。

私の感覚では、経営理念やビジョンを浸透させたあと、理念やビジョンを実行に移すために動ける中心的な人物が全社員の1割、あるいはそれに近い数は必要です。一緒に方向性を見いだしながら組織を引っ張り、ことあるごとに私をフォローしてくれる人材です。私たちの会社は今、社員数が約50人ですから、そういう人材が5人いればうまくいくと感じています。そうでなければ、けん引力が続きません。10人の会社なら社長一人で進んでいけますが、それ以上に社員が増えると全体が動かず、歩みが非常に遅くなってしまいます。

踊る男の動画の話をしましたが、リーダーが一生懸命踊っても、それに続いて踊る2番手、3番手がいないと、踊りは全体に広がりません。50人の規模の会社なら、社長の意図を理解して踊る人間が5人は必要だということです。

そういう点から考えますと、まだまだ完全に理念などが浸透していないということになってしまうのかもしれません。

会社は存続させなければならない

社長就任当時は、私の代で事業を終わらせないにしても会社を拡大する考えはなく、むしろ少数精鋭を志向していました。拡大したあとに会社をたたむことになった場合、社員や家族、顧客、取引先に及ぼす影響がそれだけ大きくなると考えたのだと思います。

日本は企業の99・7%を中小企業が占め、中小企業が地域の経済や雇用を支えています。ところが、近年は後継者が見つからず、事業が黒字でも廃業を選択する企業が多く存在します。帝国データバンクの調査によると、後継者不在のため事業継続の見込みが立たなくなったことが要因の「後継者難倒産」は、２０２２年度に集計開始後最多の４８７件に達しました。

私たち中小企業の経営者にとって、後継者の問題はいつか必ず突き当たる問題です。現在の私にとって、会社を存続させることは至上命令です。

ただ、以前は会社の第一の目的については存続させることという言葉にはできていませんでした。大久保会長が言い表した言葉を聞き、私の思っていたのはこれだと分かったのです。

大久保会長は、私の考えをさらに明確に言語化してくれました。存続させることが最も大事な理由としては、会社が提供している製品やサービスに対するニーズがまったくなくなったのならば話は別だが、実際にそんなことはあり得ず、どこかに待ってくれている人がいるのに、自分の代で終わりにしてしまおうと考えるのはあまりにも身勝手過ぎであり、消費者や顧客だけではなく、社員は仕事をして家族を養っているので、会社がなくなってしまうと、社員は裏切られた気持ちでいっぱいになるに違いないと言っています。

また、会社を継続させずにつぶすということは、法人という人格をつぶすのだから殺人に匹敵するという言い方もしています。

企業城下町の場合は特に、地域に対する影響力が計り知れません。大手メーカーの工場が閉鎖されると、その工場にひも付いている業者やお店、それこそ工場近くの食堂に至るまで仕事がなくなってしまう可能性があります。すると街を一つつぶすのと近い形になります。

私たちの経営理念は「私たちは、家族・共に働く仲間・顧客・仕入先・地域社会等、全ての関わり合える人々の幸福と笑顔を創造する」で始まり、「未来へ継承する」の一文で終えています。この経営理念に照らし合わせても、私たちの会社は存続させなければなりません。

会社を存続させるために必要なこと、それはビジョンです。私たちは経営理念を定めたのちに、100年ビジョンを考えました。そこから50年後、30年後の姿を逆算し、中期経営計画も作成しています。

ビジョンを定めてからは、私の代で終わってもいいという発想自体がなくなりました。考えてみると、「私の代で……」という考え方自体が近視眼的です。会社に関係する人たちのことを考慮しない利己的な考え方だったといえます。

「魂の決断」という考え方

大久保会長が説く王道経営のベースにあるのが、魂の決断です。私もこの魂の決断を心掛けています。

私たちは、生活や仕事で常に決断を迫られます。朝起きて今日は何を着ようかという日常的な決断もあれば、M&Aのように経営上の重要な決断を迫られる場合もあります。人生は決断の連続です。そして、何かを成し遂げるには、決断から逃げてはいけません。成功の反対は失敗ではなく、行動しないことです。

大久保会長いわく、この決断の基準には3つの種類があり、その基準を間違えると失敗をしてしまいます。

決断の3つの基準の1つ目が体の決断です。お腹が空いたからお菓子を食べよう、今日は暑いから外に出るのは嫌だなというように、身体的欲求に従って判断を下すケースです。最も動物的な判断の仕方であると位置づけられます。痴漢やセクハラは、性欲に負けて体の決断をしてしまった失敗事例です。

2つ目が、心の決断です。好きか嫌いか、損か得か、儲かるか儲からないか、という基準で判断を下すケースです。例えば、お腹が空いたけれど今はダイエット中だから間食はやめよう、というのも心の決断の一例です。私たち人間が決断する場合に、最も多い基準です。体の決断よりも理性的ですが、感情や目先の損得に左右されがちです。

3つ目が、魂の決断です。体の決断や心の決断よりもはるか先に焦点を当て、善か悪か、正しいか正しくないかで判断します。非常にシンプルな基準です。例えば、目の前に困っている人がいたら助けます。助けていたら到着が遅れてしまう、助けたら感謝されてお礼も手に入るかも、などといった損得勘定はせず、シンプルに善を行うのです。これこそが正しい決断です。

魂の決断をするにはどうしたらいいかというと、例えば何か欲しいものがあったとします。そのときに、あと3カ月で自分は死ぬという状況でも本当にそれが欲しいのかを考えてみると、変わるはずです。自分がこの世に存在した証しとして、何を残そうとするか、それこそが魂の決断です。

また、知らないうちにあと3カ月で死ぬという状況になっている可能性は誰にでも起こり得ます。そう考えると、決断は早くしなければならないということも分かるのです。

魂の決断を実践し、シングルファーザーを支援

魂の決断をした例として、数年前、当時20歳の男性社員から結婚すると報告があり、みんなでお祝いをしました。間もなく子どもが生まれ、またおめでとうとお祝いをしたのもつかの間、今度は2、3カ月後に別れたとの報告です。赤ちゃんは男性社員が引き取って育てることになりました。

まだ20代の若者です。私たちは、会社を挙げて全力で育児をサポートすることにしました。もし20代で同じ立場になったとしたら、保育園や託児所のことなんて分かりません。どうやって育てたらいいか、途方に暮れると思います。細かいことは決断してから考えればいいのです。この状況では、この男性社員を助けることが善であると判断しました。社

内で会議に諮り、最悪の場合は役員会議室にベビーベッドを置いて、ベビーシッターを雇う可能性もあると伝え、全員が了承してくれました。

児童養護施設に預けることも視野に入れ、相談にも行かせましたが、本人は育てたいという気持ちを強くもっています。そのあと、勤務中に預けられる保育施設が見つかり、今に至るまでシングルファーザーとして働きながら育てています。子どもの病気などで出勤できない日もあり、私だけでなく社員全員がサポートしている状況です。

会社によってはこの状況でうちの会社で働き続けるのは無理と通告する可能性もあります。しかし、私たちの会社では、社員は家族同然なのでそんなことはしません。魂の決断だったなと思います。

このほかにも、儲かるか儲からないかではなく、正しいか正しくないかで物事を判断するように意識しています。

今回の若手社員の件は、私が魂の決断をして先導した形ですが、いずれは社員全体が魂の決断をするようになるはずです。社員にも、これを一つの実例として魂の決断の大切さを理解してもらいたいと考えています。

利他の精神

マズローの欲求5段階説は、米国の心理学者マズローが提唱した説で、人間の欲求は①生理的欲求 ②安全の欲求 ③社会的欲求（所属・愛情欲求）④承認欲求 ⑤自己実現欲求――の5段階からなり、1段階目から5段階目に向かって順にニーズが進むという考え方です。食欲や睡眠欲のような生理的欲求が満たされると、その状態で安定したいという安全を欲求するようになり、それが満たされると集団への所属や愛情が欲しくなる……、と進みます。

マズローは晩年、5段階目の「自己実現欲求」のさらに上に、「自己超越欲求」があると提唱しました。自我を超越して他者のために尽くし、社会や世界をより良いものにしたいという欲求です。利他の精神という言い方もできます。

私は、利他の精神が最強だと思っています。自分のために生きているのは半人前以下ですし、家族のために生きてやっと半人前です。社会や世界のために生きて一人前です。会社も同じで、世の中のお困りごとを解決するために存在し、仲間や地域を大切にする経営こそが王道経営といえます。

この利他の精神や魂の決断の考え方を会社経営に当てはめると、「社会性」「独自性」「経済性」の優先順位が自ずと決まります。

事業を始める場合、世の中の一般的な考え方では、まず儲かるか儲からないかの経済性が大事で、そこに独自性が求められ、最後に社会性、という順番です。しかし、私たちの公益資本主義の考え方では、会社は世の中のお困りごとを解決するために存在します。

つまり、まず社会性があるかどうかが大切で、そのあとに独自性が必要になります。経済性は、社会性と独自性さえあれば勝手に付いてくると考えています。

仕事は諦めなければ失敗にならない

家庭内のトラブルは仕事に影響しますが、仕事のトラブルはどうかというと、私は仕事のトラブルはたいしたことがないと考えています。すぐに解決しなくても、いつかはどうにかなります。

以前、50万円くらいのろ布を販売し、その結果、顧客の製品をダメにしてしまったことがあります。損害賠償として数千万円の請求が来ました。トラブルの経緯としては、営業担当の社員が顧客のことを考え、より良くするため、このほうがいいですよと提案し、顧客もいちおう、納得して始めていました。しかしながら、結果として提案したろ布に不具合があり、顧客の製品をだめにしてしまうということが起こりました。担当した社員は会社に大損失を出したとオロオロし、社員の間からはうまくごまかせませんかとか、闘いましょうかという反応も出てきます。

私の判断は迷惑を掛けたのは確かなのでもちろんお金を払うということでした。この失敗によって出入り禁止にされるのは困るため、それに関しては私が交渉しました。

担当の社員には顧客のことを思ってやったことならしょうがないと伝え、罰はもちろん科しませんでした。その分しっかりと顧客と向き合って、もっと提案して、私たちもサポートするから大丈夫だと言って、トラブルを引きずらないようにフォローしました。

もちろん、お金も大事です。経営上、痛い部分はあります。損失をすぐに取り返すことも難しいです。しかし、この姿勢を続けていれば、責任感のあるしっかりとした会社だと認識してもらえ、自社の非を認め補償もする体制が整った会社だという信頼が醸成されます。そして、長いお付き合いのなかで、いつかは元が取れるのです。

私が強調したいのは、失敗なんかしてもいいじゃないかということです。すべてのこと、すべての挑戦が成功するわけがありません。成功する確率を上げる要素は、どれだけ失敗して、どれだけいろいろな経験をしているかだと思います。まずは、実行することです。

しかし、社員にこのことを徹底するのは非常に難しいと感じています。

一つは、教育制度に問題があります。私たちは子どもの頃、○か×かの世界で勉強をします。「3＋7はいくつですか」と問われたら、答えは10しかありません。それ以外は×です。

しかし、「○＋□＝10」で、○と□の組み合わせを考える問題であったならば、8＋2でもいいですし、数式のプラスも自由に変えられるならば、50－40でも正解です。答えは無限にあります。実社会では答えにたどり着く方法はいくらでもあるのに、「3＋7＝?」と同じように答えは一つだけだと思うから何もできなくなってしまうのです。

一つの道から外れたら、失敗だと判断されてしまいますが、本当は、諦めなければ失敗にはなりません。

私たちの世代は人生80年といわれていましたが、これからもっと若い世代は間違いなく人生100年時代を生きることになります。今までのように「ある程度頑張って働いて、役職について、定年を迎えて、何年か余生を過ごす」という道筋が当たり前ではなくなります。若いうちにどれだけのことを吸収するかが決め手になってきます。

本業だけでなく、もしかしたら3つぐらいの仕事を掛けもちする人が当たり前のように活躍する社会が訪れる可能性もあります。この人生100年時代を生きるには、まずは本業でいろいろなことを経験し、経験値を上げることが必要です。

そのためにも、失敗を恐れることなく、行動(挑戦)することが大切です。私の仲間には死ぬこと以外かすり傷というステッカーを配って活動を促している人間もいます。

明元素

私の好きな言葉に明元素（めいげんそ）というものがあります。聞いたことがある人もいると思いますが「明るく、元気で、素直に」を意味します。「明るく」は明るい思考、物事を前向きにとらえることができるということです。「元気で」は、もちろん元気に越したことはありませんが、自分のコンディションをしっかり整え心身共に健康でいようということです。「素直に」は、物事を変にねじ曲げて考えずに、受け入れるかどうかは別として、まず素直に受け取るということです。

ＰＩＣＣの出前授業でも、明元素はよく取り上げる内容です。子どもたちや学生に対しては、明元素の「素直に」に関して、「人の話は必ずしも受け入れる必要はないが、まずは受け取らなくてはならない」という話をします。

会話はキャッチボールという言葉があるように、誰かが言ったことを受け取らずにそのまま打ち返すのはいけません。そこはとりあえず受け取ることが大切なのです。なぜかというと、物事は見方や立場によって考え方も変わります。例えば、地面に書いてある数字が私のほうから見て6だったとします。でも、向かいあう人にとっては9です。6か9かを討論するのではなく、まずはそういう見方もあると受け止めて、次にこの方向からだと6に見える、9に見えると話し合うほうがよっぽど前向きで建設的です。

別の例えでいうと、コップに入っている水が半分しか残っていないと思うのではなく、まだ半分あると思っていたほうが楽しいと思います。私は、自分自身が明元素でなくてはいけない、周りにそう見せなくてはいけない、と思っています。

そもそも、上に立つ人間が暗くて、元気がなくて、文句ばっかり言っていたら、誰もついてこないと思います。だから、会社でリーダーを務める社員には必ずしょぼくれていたり元気がなかったりしたら、周りで君を信じて付いてきている部下が嫌になってしまうから朝がつらくても、栄養剤を飲むなりほかの工夫をするなりしてとにかく元気に出社しなさいという話をします。

私自身、社長になる前から明元素は意識していました。若い頃、二日酔いでしんどいなと思うときももちろんありましたが、それでも朝はしっかり元気にやろうと心掛けていました。

前向きな思考も身についています。悲観的にネガティブに物事をとらえるのは、とてもムダです。

明元素のほかにも私は、「頼まれごとは試されごと」を大切にしています。頼まれるということは、相手に自分を信頼できる人だと認識してもらっているということです。その信頼を裏切ることなく、そしてその信頼をさらに向上するためには、相手の予想していた以上のスピードやクオリティーを提供する必要があります。つまり、頼まれるということは自分が試されているということになります。

そのため、私は頼まれた際は、「はい!」か「YES!」か「喜んで!」の返事が重要だと常々思っています。この反対の言葉である「できません」や「無理です」というような言葉は使わないと決めています。

［第4章］

社員が自発的に動くことで、新たなビジネスチャンスをつかめる地方のニッチ企業が海外への進出を決断

日本の少子化問題で生じるマーケットの縮小

「2070年に日本の総人口は8700万人まで減少し、その1割は外国人が占める」と2023年4月、厚生労働省の国立社会保障・人口問題研究所が公表した日本の将来推計人口は、ニュースとして大きく取り上げられました。2020年に1億2615万人だった人口が、50年後の2070年には約3割減っているという内容です。

2008年をピークに人口が減り続けている日本は今後、総人口が減るだけでなく年齢構成も大きく変化し、支えが必要な高齢者が増えて労働力人口は少なくなっていきます。個人消費の低迷と社会保障費の増大で、経済の規模は縮小していくと予想できます。経済の縮小に伴って製造業も落ち込み、私たちの会社の場合はフィルターやろ布の使用頻度が減って売上が下がると見込まれます。

ただ、将来推計人口は精度が高いとされる一方で、総人口の1割とされた50年後の外国人の割合は不確定要素です。今回の推計では日本で暮らす外国人が2・2%（2020年）から10・8%（2070年）に増加すると見込んでいますが、まったく増えない可能性もありますし、もっと増える可能性もどちらもあります。

私は、日本人は減るけれども外国人がたくさん移住し、ある程度の経済規模は保たれるのではないかと楽観視しています。経済が極端に縮小しないならば工場は今と同じ生産量を保てます。

しかし、経営的判断はそれとは別です。会社の存続を使命とする経営者としては、日本経済が縮小することを前提に考えなければなりません。では、どうすればいいのかというと、答えは単純です。拡大する海外市場に目を向けるのです。

日本などの先進国が少子化に悩む一方で、全世界では人口は増え続け、2030年までに85億人に達し、2050年には97億人に拡大すると予測されています（国際連合「世界人口推計2019年版：要旨」）。日本とヨーロッパを除いた多くの地域で人口は増加します。

大久保会長に教わった言葉に「BOP（ベース・オブ・ザ・ピラミッド）」があります。ピラミッドの基盤という意味で、ピラミッドのいちばん下の層、つまり世界人口では多数を占める開発途上国の低所得者層を指します。特に注目すべきは、若い人口が多いASEAN

やアフリカです。縮みゆく日本のマーケットで熾烈な競争を続けるよりも、国民の半分が18歳以下で、市場が毎年2桁に迫る高成長を続けている新興国でビジネスを展開するほうが、はるかに将来性があります。

地方の企業にとって海外進出はハードルが高い～栃木の田舎の企業でも海外進出は可能

海外進出を検討する必要があると頭では分かっていても、実行に移すのは難しいのが現実です。私たちは今でこそ海外でさまざまな活動をしていますが、以前は海外展開なんて想像すらしませんでした。私たちのような地方企業はどこも似た状況だと思います。地方に住む人間にとって海外は心理的なハードルが高く、1歩を踏み出す勇気はなかなか出ません。

例えば、東京都に住んでいると羽田空港や成田空港からすぐに海外に行けますが、私たちの工場で働く栃木県民にとっては成田や羽田に行くだけで旅行のようなものです。社員旅行は海外にしようと言っただけで、否定的な反応でした。

環境は人の心理に大きな影響を与えます。私が成田空港近くの障がい者施設を訪問した際のことですが、そこの子どもたちは将来、海外でやってみたい夢を語ってくれました。うちの社員とは大違いです。やはり、国際空港が近いから海外の人も来ますし、すぐに海外へ出られると考えるのだと思います。

同様に、首都圏や大阪、名古屋、福岡の企業と地方の企業とでは海外に進出すると言ったときの感覚が違います。

しかし、今の時代は、越境ＥＣのようにインターネットを介して海外の顧客と取引ができます。以前と比べてハードルはかなり低くなりました。日本経済が縮み経営環境が激変するという危機感と、会社を存続させなくてはならないという使命感があれば、そのハードルは難なく越えられるはずです。

私たちの会社も、私が社長に就任する前後の時期は、少数精鋭で現状の規模で事業を続けていけばいいという雰囲気に支配され、海外展開どころか成長に対する意欲も失われていました。しかし、さまざまな経験によって私は、会社を存続させなくてはいけないという思いを強くしていったのです。

中国進出の検討と方針転換、そしてベトナムへ

私が海外進出に踏み切った直接のきっかけは、大久保会長の勉強会です。大久保会長は私たち塾生に、まず海外を視野に入れて、まず動け、そこから道が拓けていくと繰り返し言っていたのですが、私たちは行きますと言うだけで動こうとしません。しびれを切らして、この場で飛行機を予約しろという状況になり、中国に行くことになったのです。

大久保会長から海外進出の重要性を最初に教わってから、実際に中国に行くまでに約1年掛かったと思います。まず動け、そこから道が拓けていくと言われたのに動かなかったのは、まず動けの部分が腹落ちしていなかったのと、進出先をASEANにするか中国にするかで悩んでいたためです。今にして思えば、まず動くべきでした。

進出先に選んだのは、商圏が大きな中国です。世界のフィルター（ろ布）市場は、精度

の高い高級なヨーロッパ製品と、安価でそこそこ使える中国製品とに2極化しています。日本企業には技術はありますが、各企業の規模がそれほど大きくなく、この2極に割って入れる状況ではありません。

しかし、若手社員を連れて水処理や機械の展示会に足を運ぶなど現地で調査した結果、「よし、中国企業と戦える。価格は中国のほうが安いが、技術力は我々のほうが上だ」と手応えを感じました。

ところが、調査開始から3年ほど経った頃、中国の状況が大きく変わります。排水や公害に対する規制が厳しくなり、私たちのライバルとなる中国の同業者が一斉に設備投資をし始めました。数千万円もする最新の機械を何百台と導入し、一定程度の品質の製品が製造できるようになると、中国にはかないません。人海戦術で24時間稼働する状況です。

結局、中国に進出して戦っても割に合わないと判断し、中国の企業と手を組んで「友達」になる方針に大転換しました。つまり、中国の企業に汎用品を製造してもらうことにしたのです。

次に、その製品をどこに売ろうかと、ＡＳＥＡＮを見て回りました。ＡＳＥＡＮで使われているフィルターは中国製とヨーロッパ製で占められ、一部に日本や台湾、インドの製品が使われている状況です。

まず、タイは成熟し過ぎていて、これから現地に拠点を設けるのは遅いと考えました。逆に、カンボジア、ラオス、ミャンマーはまだ早いと判断し、さらに調べるうちに、ベトナムが進出先に最適だと判断しました。第一に、ＡＳＥＡＮではベトナムが最も経済成長しています。そして、ベトナム国内の環境問題や工業製品のクオリティーは、日本の高精度なフィルターを使わなくてはならないほどのレベルに達していません。これから成長するに従って、高精度なフィルターが必要になります。そのときに、私たちの高品質のフィルターを使ってもらうため、先行して進出しておく戦略です。

ベトナムでは生地を中国などから購入し、現地で加工しているという会社が1、2社ある状況でした。今が商機だと確信し、進出先に決めました。もし仮に、誰かが私たちに100億円くらい投資してくれたら、日本のブランドをもってベトナムで一からすべて立ち上げる形で進出できるのですが、残念ながらそのようなお金はありません。加工工場をまず立ち上げようと考えました。

２０１８年頃から本格的にベトナム現地の視察や市場調査を開始し、それと同時に日本国内では高度外国人材のベトナム人を最終的に４人雇用し、現地に工場を建設する準備を進めました。このベトナム人社員は日本とベトナムの懸け橋になりたい、ベトナムの水が汚いから私たちの会社の技術でなんとかしたい、と考えていました。自分の利益よりも皆のために働きたいという意識をもっているので、活躍を期待しました。

準備は順調に進みました。日本国内ですでに私たちと取引があってベトナムに進出している企業へ訪問し、現地の情報を聞いたり、ベトナム人社員に現地の状況を調べてもらったり、ということを続け、営業所や工場の立地などを検討している段階で、新型コロナウイルスのパンデミックが起こり、計画は中断してしまいました。

自走する高度外国人材

ベトナムに工場を建設し、海外進出の第一歩としようとしていた矢先のコロナ禍ですが、今の社員はそんなことでは諦めません。ベトナムに行けないから何もしないということとはもはやあり得ません。

ベトナムには、日本企業の進出をサポートするコンサルタントがたくさんいます。彼らが新型コロナで仕事がなくなっていることに目をつけ、日本にいる私たちと現地を結びつける役割をお願いしました。何をしたかというと、ターゲットになりそうな顧客リストを送り、日本のこういう企業がベトナムに数年後に出てこようと検討しているがアンケートに答えてもらえないかという形でアポイントメントを取ってもらったのです。

さらに、その会社にパソコンを持参して行ってもらい、日本のベトナム人社員とオンラインでやりとりをしてもらいました。この手法で3、4件の発注は得られました。ベトナム人社員が率先して開拓した成果です。新型コロナが収束したあとの戦略を検討するための情報収集にも非常に貢献しました。

このように、海外進出に関しては、社員が自主的に動いている例が多くあります。会社の理念やビジョンが浸透し、自分で考える習慣が身についたためです。

ベトナムに現地法人を設立する際には、貿易に関する事務が必要になります。現在、これらの海外事業部門を担う部署はまだ設置していませんが、総務の社員が日本貿易振興機構（ジェトロ）の講習を受けるなど自主的に貿易について学んでいます。

現在の計画では、2025年にベトナムに現地法人を設立し、ここを拠点にASEANで営業をする考えです。可能であれば、工場を開設し、日本や中国、台湾、ヨーロッパから輸入した生地を顧客の仕様に合わせて加工します。今、インドの繊維の技術が良くなってきているため、インドからの仕入れも視野に入れつつ、インドで販売をするか、インドを飛び越えてアフリカにするか、などと検討しているところです。

アフリカへの進出も視野に

私たちの100年ビジョンでは、海外展開に関して、世界の大塚といわれるようになることを掲げています。このため、アフリカでの事業展開も視野に入れているのですが、その一方で私の代でアフリカに関わることはないと思っていました。ただ、会社の次の世代に何を残すかを考えて、今からアフリカについて少しでも情報を得ておいたほうがいいと判断しました。

「風に立つライオン」という、シンガー・ソングライターのさだまさしさんの楽曲があります。2015年に劇場公開された映画と原作小説のタイトルでもあります。楽曲や映画のモデルとなった柴田紘一郎医師は、1960年代にケニアの長崎大学熱帯医学研究所に派遣され、過酷な現実のもとで献身的に医療に従事した人物です。さだまさしさんは1972年、日本に帰国した柴田医師と出会い、その体験に触発されて15年後に同名の楽曲を発表しました。

俳優の大沢たかおさんがこの曲を気に入り、さださんによる小説化と大沢さん主演の映画化へと至ったそうです。さださんは2015年、開発途上国で頑張る日本人医師や教育者などの『風に立つライオン』の力になりたいといった思いから、公益財団法人「風に立つライオン基金」を設立しました。国内外の僻地医療や大規模災害の復旧現場などで奉仕活動をする個人や団体に対し、さまざまな支援を提供しています。

私はこれらの話をきっかけにアフリカについて調べ、アフリカの元少年兵の自立支援などをしている認定NPO法人「テラ・ルネッサンス」という団体を知りました。

あるとき、社員と一緒に創設者の講演会に行って感動していると、次の日に一人の社員が辞表を手にアフリカに行きますと言いに来ました。ちょっと待てよ、行ってどうするんだと引き留めましたが、私たちにも何かできることがあるのではないかという意識はみんなで共有しました。会社ぐるみでそのＮＰＯに寄付をするようになり、今では東京の世話役をやりながら「法人会」という会をつくって法人のサポーターを広げています。

１００年ビジョンを考えると、自分が次の世代へのつなぎ手であることを強く意識させられます。１００年後も社長をやっているわけがありませんし、そもそも生きていませんん。しかし、１００年ビジョンをつくったからには、実現させる責任も負っています。そのために何ができるか、と考えさせられるのです。１００年ビジョンをつくるということに、このような効果があるとは、つくってみるまでは分かりませんでした。

私が今、未来のアフリカ展開のためのきっかけづくりをし、現地の情報を集めているのも、つなぎ手として１００年後の会社に貢献したいという思いからです。

カンボジアの学校の水問題を解決

事業の海外進出と並行して、海外でのボランティア活動にも従事しています。

大久保会長の活動の一つに、カンボジアをはじめとする開発途上国の教育支援を行う公益財団法人ＣＩＥＳＦ（シーセフ）があります。大久保会長が２００８年に設立し、理事長を務める団体です。２０１９年に当時の安倍晋三首相が国連総会で「私はまたカンボジアでも、ある日本の事業家が、まったく自分一人の発案で、教育向上に努めているのを知っています。日本から経験豊かな理数科教師を送り、カンボジアでこれから教員になろうという若い男女のコーチをさせるのです。名付けて『国境なき教師団』」と紹介しているため、聞いたことがある人もいると思います。私たちもシーセフの活動を応援し、何人かの社員は現地の学校に行って子どもたちと遊んでいます。

そのシーセフが地球益を考えて行動できる未来のリーダーを育成しようと、２０１６年に幼稚部・小学部・中学部一貫校を設立しました。最初は仮園舎で幼稚舎をオープンし、２０１９年に新校舎へ引っ越して小学部を開校しました。首都プノンペンの市街地では広い場所が確保できなかったため、校舎は車で約1時間南に行ったところにある場所に建設されました。プノンペン市街なら水道は通っているものの、この地区には通っていません。私たちは現地で行われた新校舎の竣工式に出席し、水を買っている状況を目の当たりにしたため、その場で井戸を掘り飲料水のプラントをつくりましょうと提案しました。

ただ、私たちのろ布だけでは水をきれいにすることはできず、最終的な仕上げには目の細かい膜を使わなければなりません。そこで、日本の大学の先生方の協力を仰ぎ、水を供給できるシステムをつくることにしました。

もちろん、経験のないことばかりなので簡単には進みません。困難の連続でした。現地に行ったのはいいですが、そもそもカンボジアで水質調査を誰がやってくれるのかという問題にぶつかります。そこで、何度もプノンペンの浄水場へ訪問し話を伺い、現地調査を行い、水質調査を実施してくれそうなところへも見に行きました。

しかし、そんな装置で測定できるのかという状況です。依頼すると、予想どおりどう考えても正しいとは思えない結果が出てきます。

さらに探していると、カンボジアで小さな浄水場をつくる活動をしているベンチャーの存在を知りました。コンタクトを取ると、たまたまベトナムの水処理展示会「ベトウォーター」に行くという話です。私たちも行く予定だったため、そこで会うことになり、食事をしながらこういったことをしたいのだが協力してくれないかという話をしました。このときは、いつも通訳をお願いしているカンボジアの人もベトナムに来てもらい、スムーズな会話ができてうまくいきました。

また、彼らのレベルを知るためにも活動の現場を見る必要があるということで、プノンペン市街から片道6時間くらいのところまで行ったこともあります。このときは、打ち合わせできる日が限られていたため、前の日の晩に明日行くからと連絡し、朝出発して日帰りをするという強行軍でした。

このベンチャーの人たちは志が高く、とても良い出会いでした。もともと、彼らの村は水質が悪くて病気になる人が多く、水について学ぶために大学へ行き、浄水場をつくる活動をしているということです。

こんなこともありました。現地の不動産会社や水関係の大学の先生など思いつくところを訪ねて聞き込みをしたのですが、言うことがみんなまちまちです。カンボジアは湿地帯が多いから30メートルも掘ったら水が出るとか、10メートルも掘ればいいとかいう話を聞き、実際に掘ったら50メートルに達しても水が出ません。結局、60メートル近く掘ってやっと水が出ました。

また、現地で状況を聞くと、井戸をつくっても、その後のメンテナンスがきちんとされずにフィルターがつまり、使えなくなった井戸も多くあるといいます。そこで、現地でメンテナンスをしてくれる企業についても調べ上げました。

そうやって水質調査の問題などさまざまなハードルを乗り越えて進めていきました。最終的に、大学の先生にろ過の仕組みを相談し、プラントを組み立てて実際に使えるようにしました。

その後、定点チェックに行こうと思っていたら新型コロナウイルスです。現地の学校も閉鎖されていたためそれほど影響はなかったようですが、新型コロナウイルスにはさまざまなことで邪魔をされました。しかし、100年ビジョン、中期計画をつくっていたのでやるべきことの優先順位を入れ替えてプロジェクトを進行させていきました。

大変ではありましたが、今まで知らなかったことを自分たちで調べ、新たに知っていくのはすごく楽しいことです。この楽しさを感じられているのも、私がまず動けそこから道が拓けていくということを実践しているためです。

1歩目を踏み出すのはすごく大変なことです。慎重であることももちろん大事ですが、ここぞというときはまず動かなければ何もできません。1歩目を踏み出すことにちゅうちょし、石橋をたたいて壊してしまったら何も起こせません。思いをかなえるためにも、まず動く必要があります。

事業のソーシャルビジネス化

課題を解決する事業は、ソーシャルビジネスと呼ばれます。経済産業省の定義によると、ソーシャルビジネスは、「高齢化問題や環境問題などさまざまな社会的課題を市場としてとらえ、その解決を目的とする事業」を指し、「社会性」「事業性」「革新性」の3つの要素を必要とします。

この定義に従うと、私たちの会社がカンボジアの学校で取り組んでいる水問題の解決は事業性に欠け、ボランティアの域を出ません。革新性については、まだまだ工夫の余地があると思います。

また、社会性という観点では、顧客の課題解決をどこまで社会的課題と結びつけられるかという指摘があるでしょうが、顧客が抱える課題の先にはなんらかの社会的課題があると考えています。

世の中のお困りごとを解決し、「ありがとう」の対価として利益を得るのが会社のあるべき姿です。企業の価値はありがとうの総和でしかありません。

諦めてはいけない

まず動け、そこから道が拓けていくという言葉と同様に、私は経営者は諦めてはいけないという考えも大切にしています。実は、カンボジアの学校の飲料水事業はまだ飲料水の提供までには至っていません。まさに諦めてはいけないという状況です。

学校の周囲にはマンゴー畑があり、農薬がまかれます。特に子どもたちが使う水ですから、健康を害するようなことがあっては絶対にいけません。水質は雨期や乾期など季節によって変わってしまう可能性があり、その場合はろ過のシステムを変える必要が生じます。このため、1年間掛けて水質をすべて調査し、それから飲料水として使う方針を決めました。

ですが、私たちは前向きにとらえています。飲料水には使わなくても、トイレやシャワーに使うことにしたのです。学校では、月に何トンかの水を購入し、飲料水としてだけでなくトイレやシャワーにも使っています。井戸を掘ったことによって、トイレやシャワーに使う分の水はまかなえるのですから、それだけでも効果が出ています。

諦めてはいけないというのは、決して根性論ではありません。根性論では長く続かず、いつか挫折をしてしまいます。ゴールまでの道のりが遠いように見えたとしても、まず動き、一つずつ着実にゴールに近づいていけばいいのです。

カンボジアの学校の飲料水事業は、直接の利益は得られず、会社としては社会貢献事業の一環という位置づけです。しかし、この経験は今後の事業に強く結びつくと確信しています。例えば、ゼロからここまで進めるために、水質調査ができるところはどこなのかと探しました。この知識と経験、そして自信は、次にどこかほかの国で飲料水事業そのものやコンサルティングをする際に大きな武器になります。難しいから挑戦しないと諦めることなく、実行した成果といえます。

私たちは、誰かのためになることをボランティアの形で実行しながら、液体に関わるコンサルタントとしての実地訓練として経験値を増やしているわけです。

事業を行ううえで、失敗はありません。世の中の外部的要因はあるため、もちろんうまくいかない場合もあります。ただ、それはタイミングが悪いなどの原因を検証し、次に成功させるためにどうしたらいいかを諦めずに考えていけば、必ず道は拓けると考えています。失敗は諦めたときに訪れます。

［第5章］

企業理念をつくり直すことで、会社の売上は50％アップ
ニッチ企業に新たなビジネスチャンスが開ける

売上50％アップの最大の理由とは

私が社長に就任した2009年当時と比べ、現在までに売上が50％アップしました。特に今、問い合わせが非常に増え、売上が伸びています。まさにうれしい悲鳴を上げている状況で、製造の現場がとても忙しくなってしまい、対応しきれずに問題に感じているほどです。

売上が伸びた理由を示すにはきちんとした分析が必要です。ろ布という一つのアイテムをきっかけにお客様を知る活動ができたこと、そして最大の要因は、私たちは液体や固液分離に関わるコンサルタントになる、という考えが営業担当の社員を中心に社内に浸透してきた結果だと考えています。

以前、私たちは売るということをしていました。もちろん、ろ布のメーカーなのですから、製品を売るために営業が活動するのは当たり前です。しかし、今は売ることを考えるよりもまず、顧客を知ることに努めています。

第一に、顧客のことを知らなければ、何も提案ができません。製品のカタログを広げるだけでは、顧客の役には立ちません。

顧客について理解し、そのうえで「こんなことに困っています」という話が聞けたならば、それが手掛かりになりさまざまな提案ができます。私たちはその道のプロです。さまざまな知識や経験をもち、大学の研究者とのつながりもあります。だからこそこれに困っているのであれば、これも困っているはずですし、あれにも困っていますよねということが分かり、解決策を提案できます。これが、顧客に寄り添う、顧客の立場に立って考えるということです。

ろ布メーカーからの脱却

社長に就任したときに示した4つのテーマのうち、1つ目に掲げたのが、事業領域を液体に特化し、環境問題から飲料水に至るまで液体の問題に関わる会社にすることでした。このときは、とにかく本業のろ布の製造と販売に注力するのだと考えていました。

しかし、大久保会長からさまざまなことを学び、活動の範囲を広げていくうちに、ろ布だけでは物事を解決できないという場面に多く出会うことになりました。

そして、私たちの会社のあるべき姿としてたどり着いたのが周りを巻き込み、協力してろ布単体ではできないことにも対応していきたいという考えです。以前のように利益を最優先し、ろ布しか見ていなかったら、この視点に到達することはありませんでした。

社内では今、いろいろな言葉で私の考えを伝えています。例えば、ろ布はあくまでも一つのアイテムに過ぎず、私たちはこのアイテムを手掛かりに顧客とたくさん話をすることによって、顧客が何に困っているのかを引き出します。そしてその解決策はろ布ではなくて、実はポンプであるとか、水回りをこうしないといけないという話になったときに私たちはその分野に詳しい会社や人材を知っているのだから、そこに紹介したりしながら顧客の問題を解決することができる、つまり液体に関わるコンサルタントになるというものです。

目先の売上ばかりを気にしていた以前の私とは、天と地ほども違う考え方です。社員も、私が言っていることを本当に理解するまではかなり時間が掛かりました。ずっと私たちは最終的に水関係の仕事をしますという伝え方をしていたので、フィルターを製造することによって水問題に関わるのだなという程度の受け取り方だったようです。

ある年、動画でろ布メーカーではなく液体に関わるコンサルタントになると示すことにしました。表現した内容を要約すると、世の中は今後水不足になり、さまざまな問題が生じ、そのときに水の再利用が大切になり、そのためにフィルターはもちろん必要ですが、フィルターだけではできることに限界があり、そこでどういう装置と組み合わせるのか、どのように仕上げていくのか、どんな薬品を使うのかということが全部絡み合う知識と、そういうことを一緒にできる仲間が必要で、人材を集めていかなければならない、というようなことです。

これを写真などのイメージとメッセージを組み合わせてつくりました。フィルターのメーカーで終わるわけではないんだよと理解してもらうために、研究者が並んでいてビーカーを振っている映像や、コンサルタントだと分かる映像を使いました。

やはり、動画にはものすごく伝える力があります。社員たちにも理解してもらえました。その証拠に、動画で示したあとに社員たちの間から反発が起こりました。

おそらく、私の抱くスピード感と、社員たちのスピード感がまったく違うためだと思います。「え、そんな短期間でそんなことまでやるの？　そんなの無理じゃない？」という抵抗がありました。

また、顧客を知ることの大切さを浸透させるために、ごく身近な例で分かりやすく説明する工夫もしています。例えば、好きな女性がいて、その子と付き合いたいと本気で思っていたとします。その場合その子の趣味や好きな食べ物などいろいろな情報をもっていたほうがアプローチも工夫できる、というようにです。

大久保会長の口癖で、耳のたこがつぶれても、つぶれても、何回つぶれてもいいくらい言い続けろというフレーズがあります。経営者は、自分の考えるビジョンを情熱をもって社員に伝えなければなりません。徹底的に伝えて、伝えて、伝えることが大事です。もう一つ言うならば、会社に変化を起こすにはまず自分が変わり、その変化が伝わるまで努力し続ける必要があります。

これを実践した結果、だんだんと私の考えは浸透していきました。

気体のフィルターメーカーと組むことも

液体に関わるコンサルタントになるという方針は、顧客のお困りごとの解決を第一に考えた結果、たどり着いた考えです。すると、突き詰めていった場合、液体という枠にこだわる必要もなくなります。

「液体に関わる」というのは、私たちが固液分離の技術を強みとしているから掲げただけであって、いわば私たちの側の都合でした。このことに気づかされたのは、ある営業担当の社員が取ってきた案件です。

その社員も、顧客のことを知るために話をよく聞くようにしていました。あるとき、エアフィルターに関してここが破けやすいという相談を受けました。液体ではなく、気体に含まれる粒子を分離するフィルターです。以前であれば、その場でうちは得意じゃないし分からないのでと断り、私の耳にも入らなかったはずです。

しかし、その社員は相談に真剣に向き合いました。エアフィルターを得意とするメーカーと組み、アドバイスをもらいながら課題を解決する提案をしました。

このように、固液分離のろ布メーカーという枠を超えて、携わる分野は広がっています。今後は、プラントの設計やフィルターの交換作業などにも関わっていくつもりです。

4つのテーマも諦めない

私が社長就任時に掲げた4つのテーマはストップしているものもありますが、決して諦めたわけではありません。

1つ目の水に関わる会社にするは「液体に関わるコンサルタントになる」という目標に昇華しました。残りのテーマについても、経営者は諦めてはいけないという考えに従って、チャンスをうかがっています。

2つ目のテーマは、エネルギー問題でした。テーマに掲げた当時、藻類からオイルを抽出して代替エネルギーにするという研究がさまざまな大学で行われていました。実際に、大学の研究室と組んで実験をし、それなりの成果を出しています。ただ、最初に濃縮する過程でエネルギーが必要になり、コストが掛かる問題を解決できませんでした。濃縮工程を一から見直さなければいけないと検討していた段階で研究資金が得られなくなり、中断した形です。

3つ目のテーマの食料問題に関して、私たちは水耕栽培に取り組みました。今、世の中で行われている水耕栽培は、わずかですが根からゴミが出るなど水が汚れます。それをきれいにするために私たちのろ布技術が使えると着目しました。このときに事業化しようと考えたのは、飲食店や会社の一角に見栄えの良い水耕栽培のディスプレーを設置し、育てた野菜を料理に使ったり、社員に持ち帰ってもらったりするアイデアです。会社の入り口にテストプラントを置き、社員にはメンテナンスや使い勝手のモニターを担ってもらいました。

社員も積極的に意見を挙げるなど関わってくれて楽しかったのですが、結局は改良が必要だという結論になりました。見栄えの良いディスプレーにするはずが、水耕栽培の野菜のほかに藻が育ってしまい、美観を損ねることになってしまったのです。ただ、このときに蓄積したノウハウはいずれ役に立つときが来るはずです。諦めずに今、寝かせた状態です。

４つ目のテーマの少子化問題への取り組みは、１００年以上続く会社を構築するという目標に組み込まれた形です。テーマを設定したときには、しっかりした会社をつくれば社員も安心して結婚し、子どももつくるだろう、という考えでした。１００年以上続く会社ならば、社員の生活基盤も強固になり、安心して家庭を設けられます。

知名度ナンバーワンを目指す～地方企業の生きる道

問い合わせが増え、売上が上がった要因はほかにもあると考えています。それは知名度アップです。

経営理念を策定するため幹部社員と一緒に1年近く掛けて検討した際に、私たちの業界は隙間産業で認知度が低いという話も出ました。当時は利益至上主義から脱却しようとしていた時期ですから、議論するうちに私たちが目指すのは日本の業界のトップシェアではなく、ろ布業界を世間の人に知ってもらう活動をしながら、知名度ナンバーワンの会社になることだという考えが固まっていきました。

その後の知名度ナンバーワンに向けた取り組みのおかげで、私たちの会社の名前はだいぶ知れ渡ってきたと感じています。地方のニッチ企業が生き残るためには、業界内での認知度アップは非常に重要です。

取り組みとしては、ホームページでの発信を増やし、いろいろなウェブメディアの取材を受けるようにしたほか、工場勤務の社員も含め全員に名刺を持たせて、あちこちに配る活動をしました。

知名度ナンバーワンになるためには、まずは地元の人に会社について知ってもらわなければなりません。そのための工夫として考えついたのが、名刺1枚につきカンボジアの教育に1円の寄付をするという動機づけです。飲み屋でもガソリンスタンドでもどこでもいいから、名刺を配ってこいと号令を掛けました。社員それぞれ熱意に差はありましたが、楽しみながらあちこちで名刺を配り、また刷ってくださいと言う社員もいました。

知名度を上げるために、できることにはどんどん挑戦しました。２０１７年の「第一回アジアゴールデンスターアワード授賞式２０１７」にエントリーしたのも、私たちの業界や会社を知ってもらうためです。

コロナ禍でマスクを配る

会社が行っている社会貢献活動やボランティア活動、NPOの応援などが、メディアに取り上げられ、社員が顧客との話題にしているため、結果的に売上増にプラスになっています。私たちの社会貢献について知ってもらうと、同じ品質で同じ価格の他社製品とどちらを選ぼうかとなった場合に、私たちの製品を選んでもらえるようです。私たちの社会貢献活動は、カンボジアの学校の井戸など多岐にわたります。

ほかにも2020年に新型コロナウイルス感染症の世界的大流行が始まった直後、世の中が大変なマスク不足に陥ったことは記憶に新しいと思います。特に医療機関にとっては死活問題でした。このとき、ものづくりをしているPICCの仲間が、社会貢献事業の一環として飛沫感染対策のフェイスシールドを製造しました。私もこれだけあるけど必要ですかと声を掛けてもらったため足利市内の病院に配ることにしました。調べたところ、病院は約100軒あります。そこで、社員に手伝ってもらい、10~20枚ずつフェイスシールドをパックに詰め、挨拶文と一緒に病院に送りました。足利赤十字病院には確か5000

枚を持って行きました。
寄付した翌日、朝からクレームの電話です。その頃、注文した覚えのない荷物を送りつけられ、代金の支払いを求められる送りつけ商法が多発していたため、それと勘違いしてお金は払わないと言ってきたのです。社員はみんな、良かれと思って一生懸命に宛名書きや梱包作業などをしましたから、やる必要なかったと泣いてしまう人もいました。こちらはなだめるのに一苦労です。そんなことない、分かる人には分かってもらえるから大丈夫だ、と言っていると、1週間後には大量のお礼状が届きました。予想どおり、やって良かったと収まりました。そのあと、継続的に注文依頼をしてくれる病院も数件ありました。

困っている人がいれば助けるのが魂の決断です。また、社会貢献を通して大塚実業について知ってもらうこともできます。

これは経営理念とも合致しています。冒頭の「私たちは、家族・共に働く仲間・顧客・仕入先・地域社会等、全ての関わり合える人々の幸福と笑顔を創造する」は、社中に幸せをどんどん分配していこうという意味です。本業が潤っていて、ある程度の余裕があるのなら、地元が幸せになるためのちょっとしたお手伝いは積極的にしていこう、ということです。地元が抱える課題はなかなか把握できませんが、知ったのだったら解決する協力をしようという姿勢です。コロナ禍のときは、医療機関がマスクやフェイスシールドを手に入れにくくて困っていたので、やっていこうという感じでした。

この活動も、経営理念を定める前の、利益至上主義だった頃ならあり得ませんでした。その頃だったら、フェイスシールドを社員とその家族の分だけストックして、ほかは不要だと考えたはずです。

くつサポ

私たちは仕事に絡めてカンボジアやベトナムなどの開発途上国に行っているのですが、それらの国の田舎では子どもたちは皆ビーチサンダルを履いています。靴は高いという意識があり、ほとんど買うことがありません。そのため、常にはだしで、足はほこりだらけです。生活水準の違いを肌で実感します。

一方、都内の私立小学校などを訪れる機会があり、そこでは子どもたちは革靴で通学し、体育の時間には学校指定の運動靴を履いていると知りました。この運動靴は体育のときにしか履かず、子どもは成長が早いので、まだきれいな状態で買い換えるケースが多いそうです。そこで、この運動靴を私たちで回収し、開発途上国の子どもたちに送ることはできないかと学校に相談をもち掛けました。

これが、今も続けている「くつサポ」という運動の始まりです。私立小学校だけでなく、全国の学校や塾から靴が集まるようになり、開発途上国の子どもたちに送り届けています。

もちろん、子どもたちに送るからには、ボロボロでは失礼に当たります。このため、もらってうれしくないレベルのものは回収箱に入れないで、と呼び掛けて集めています。

ただ、取り組みを開始した当初は、そのままでいいから入れてほしいと伝えていたため、私たちの会社に届いたあとに私と社員で洗っていました。十分に履ける状態ではあっても、履いていたため汚れが付いています。何百足と洗って干す作業はかなり大変です。干していて、夕立が来て急いで取り入れたということが何回もありました。手間が掛かり過ぎるため、現在では、洗った状態の靴を送ってくださいとお願いしています。

くつサポは会社の社会貢献事業と位置づけ、社員の有志が一緒に洗ったり干したりと協力してくれていました。会社の直接の収益にはならないものの、理解して協力してくれています。

社会に関わる

社会貢献活動は、社会に関わっていこうという姿勢が形になったものです。私は経営者として、自分が正しいと思うことを正々堂々と指し示し、周囲のいろいろな人を巻き込んで社会のさまざまな問題に関わろうと意識しています。良いと思ったことは諦めずに率先して実行しようという考えです。

障がい者の就労問題改善にも取り組んでいます。私たちの会社の工場はライン生産方式ではなく、毎日のように作業が変わってしまうためどうしても、障がいのある人に働いてもらうのは難しい状況です。そこで生地をオーダーに合わせてはさみで切るなど、比較的簡単な作業は、あえて社内で行うのではなく、障がい者の人々への外部委託をしています。

社会には多くの課題があるなかで、すべてを把握するのはほとんど不可能です。それでも、知ったことについてはやれることをやり、関わっていこうという考えです。

また、障がい者の就労に関しては別の計画もあります。私たちの会社の顧客には、日本酒のメーカーが比較的多くあります。話を聞いていると、日本酒の売上が落ちていると言うので、日本酒のイベントを２０２３年秋に実施しようと進めています。日本酒のイベントはあちこちで実施されていて、工夫がないと埋もれてしまうため、障がい者のアートと組み合わせようというアイデアを考えました。

イベントの目玉は、そこでしか手に入らない小さな容器の日本酒です。その小さな容器のラベルは蔵元が選んだ障がい者アートがデザインされ、裏には蔵元の情報はもちろん、ネット上の作者情報に飛べる二次元コードが記されています。そのサイトでは、障がい者の絵が買える仕組みです。

小さな容器にした理由は、外国の人と話をしていて、４合瓶は大き過ぎるという話を聞いたからです。日本に来て、日本酒に初めて出会う外国人は、日本酒の味が分からないいため、試しに日本酒を買うには瓶が大き過ぎると言うのです。そこで、小さな瓶で気軽に日本酒を試してもらい、これをきっかけに越境ECで海外展開するようになったら、新たなマーケットが広がります。私たちにとっては、蔵元に潤ってもらって、フィルターをたくさん買ってもらおうという作戦です。

日本酒のイベントについては、あとづけで計算ずくのようにもいえますし、そう見えると思います。コロナ禍で日本酒の売上は減少しました。飲食店の客足が減り、家でも日本酒はそれほど飲まれません。この蔵元が困った状態で私たちが手を差し伸べれば、フィルターやいろいろな布を供給するのはろ布メーカーとして当たり前ですが、出口まで心配してそこまで協力してくれるのであれば多少高くてもこの会社から買うことにしよう、と思ってくれる可能性は大きいです。

しかし、私たちとしては、お困りごとを相談され、頼られるのがうれしいという感覚です。人が困っているのにこんな言い方をするのは不謹慎ですが、考えることは楽しくて、ワクワクします。そういうこともあり、私たちは広くいろいろなことに関わろうとしています。

SDGsへの取り組み

SDGsは2015年の国連サミットで採択され、国連加盟国が2016年から2030年の15年間で達成することになりました。水に関係する目標も含まれるため、私たちの会社はいち早く2016年に研修会を開いて取り組みを始めています。SDGsをテーマに出前授業に来てほしいと要望があって出向く場合は、子どもたちや学生に社業がそのままSDGsです、と言っています。水不足の問題を解決するためには、私たちのフィルター技術による再利用が不可欠であり、企業では利益目的ではない義務として排水処理を行わなくてはならず、これは環境を護るためにも重要です。そこに関わる仕事を私たちはしています。

日本は水に恵まれていますが、世界的には水不足です。確かに、地球は表面積の7割を海が占めます。しかし、大部分が海水で、淡水は地球上の水の2・5%に過ぎません。しかも、その大部分は氷で、人間が使える水資源はわずか0・01%です。

バーチャルウオーター（仮想水）という考え方があります。農畜産品や工業製品の生産に使われた水資源のことで、これらを輸入した場合に間接的に水を消費したと考えます。例えば、牛肉を輸入した場合、牛を育てるためにどれだけの水を使ったかと換算します。農畜産品や工業製品を生産する背景にどれだけの水資源が必要だったかを見える化するわけです。

環境省のホームページによると、1キロのトウモロコシを生産するにはかんがい用水として1800リットルの水が必要です。また、牛はトウモロコシなどの大量の穀物をえさに育つため、牛肉1キロを生産するにはその約2万倍の水が必要です。日本は海外から食料を輸入することによって、自国の水を使わずに済んでいることになります。食料自給率が低い日本は、水の輸入大国だったわけです。もし、日本で消費している食料を自給自足しなければならなくなった場合、深刻な水不足に直面することになります。

もはや、海外の水問題に無関心ではいられません。私たちの会社が蓄積した技術やノウハウを水の再利用に活かし、さらにそこから派生してさまざまなことに挑戦しようと考えています。

汎用品の生産を徐々に増やして売上上昇

売上増の要因を分析するなかで、２０１９年頃から汎用品の取り扱いを始めたことも挙げられます。

日本国内のろ布市場は約１００億円です。そのうち約90億円が汎用品で、残り約10億円の非汎用品というニッチな市場で私たちは戦っていました。技術力を活かした結果、この10億円の半分は確保できていますが、会社を発展させるためには90億円の市場にも打って出る必要があります。私たちも汎用品はいつか取り扱わなければならないので、汎用品をどのようにして扱うかと考えを進め、汎用品を扱い始めました。

もともと、小さな規模でも戦える市場にターゲットを絞って確立したビジネスモデルですが、日本経済が縮小していく状況では、小さな市場は影響が大きく、顧客が工場を海外にシフトする可能性も十分考えられます。幅広いマーケットにアプローチするほうが、会社が生き残る確率は大きくなります。

さらに、海外進出を計画しているベトナムでは、汎用品がほとんどで、私たちの提供する高精度なろ布はまだあまり必要とされていません。

私が社長に就任する前の雰囲気でしたら、事業規模は小さいまま利益を保つという方法を選んだと思いますが、すでに100年以上続く会社にしようと決断していました。このため、2019年頃を境に汎用品も扱うように方針を転換し、その結果、売上も伸びていきました。

考える組織へ

売上増とどう関係するか不明ですが、私が社長に就任した当時の会社と現在の会社とを比べると、最大の変化は「考えない組織」から「考える組織」に脱皮したことです。会議は私からの一方通行ではなく、議論が活発になされるようになりました。そこで出される意見が正しいかどうかはともかくとして、各自がそれぞれの考えをもち、意見を言えるようになったのは良い変化です。

ただ、この変化はまだ過渡期です。今はどちらかというと発信はできるが人の意見を聞けない、というフェーズにあります。例えば、若い社員が提案しても、先輩や上司が過去に似たようなことやったからといって、そこで止めてしまうケースがあります。理想をいえば、それは昔やったけれど今は技術も道具も変わっているから試してみたらいいのでは、という発想になってほしいです。

社員の成長というものはきっと、一直線に進んでいくのではなく、同じようなところを通りながららせん状に進んでいくのだと思います。

以前ならば、言われたことをやっているだけで、疑問に思うことがあってもそういうものだと済まし、気づかないふりをしていました。

ところが今は、少しでも良くなりたい、効率良くいろいろなことをしたいという思いが社員間で共有されるようになっています。とても大きな進歩です。

このように、すごくダメなところから、少しずつ良くなり、また壁にぶち当たって滞留して、ということの繰り返しです。ただ、だんだんと成長しているため、乗り越えられる壁は増えています。

営業担当の社員も後輩に対して、うちはフィルター屋ではなくフィルターがたまたま一つのアイテムとしてあるだけで、液体の問題に関して顧客が困っていることを聞いてそれに対して提案するのがうちの会社の仕事でたまたまフィルターというアイテムを出すことが多いだけだ、と言えるようになってきました。

工場では、次のような変化があります。ろ布にはパッキンの代わりに樹脂を塗るのですが、夏場はすぐに乾いてくれるものの、冬場は乾きにくいため、その分作業時間が必要になります。以前は塗って放置し、時間が掛かるんです、と言い訳をするばかりで工夫も改善もしていませんでした。

しかし今では、サーキュレーターを設置して空気を循環させ、乾きを早くする工夫を始め、現場でさまざまな改良改善を行うまでに成長しました。小さな変化ですが、私が社長に就任して考えることを求めた成果がようやく、表れてきているのだと思います。

また、経営理念やビジョンもじわじわと浸透しています。理念やビジョンは、会社のあり方を示すものであり、会社の進むべき方向を示すものです。経営者が経営上の選択を迫られたとき、「この判断は経営理念に照らして正しいか。この判断はビジョンに到達する妨げにはならないか」という判断基準として機能します。同じように、社員にとっても日々の仕事の判断基準として機能します。

経営理念が社員にとっての当たり前となっていることを示す例として、このようなことがありました。

製造の現場では、製品に若干の汚れがあったり、端に塗った樹脂が少しはみ出してしまったりということが起こります。私がこれくらいは使用上問題がないから、気にしなくていいのではと言うと、社員からこれは顧客に提供するもので、うちは品質の高さで勝負しているのですから、これくらいではダメです、と言い返されました。確かに使用上問題がないのですが、手に取った顧客がどのように思うのか、つくり手がどのような気持ちでつくっているのかということを「これくらい」でと感じてほしくなく、「こんなにも」というふうに顧客には感じてほしいと考えたのだと思います。

5S活動

社員が自発的に動いている例として、5S活動があります。工場がある栃木県足利市の足利商工会議所は5Sの街・足利をスローガンに5S活動（整理、清掃、整頓、清潔、躾）を積極的に推進し、足利5S学校を設立してさまざまな活動をしています。その活動は、社内5Sインストラクターの育成、5S視察団体の受け入れ、5S見学会の実施などです。2012年には「第一回世界5Sサミット」を開催し、世界に向けて5Sを発信しています。

私たちもモデルとなっている会社を全社員で見学し、社員1人にインストラクターの講習を受けさせて5Sを開始しました。すると、これがうまくはまったのです。整理整頓をしやすいようにホームセンターでいろいろなものを買ってきて、清掃道具を見えやすく壁に立て掛けるなどの工夫をしています。

このほかにも、ラックに道具を置くようにしたり、大きなホワイトボードをみんながよく見えるところに設置してスケジュール管理をしたりと、挙げればきりがありません。仕事場が非常に効率的になりました。現在は、社内に5S活動委員会という担当が設けられ、週に1回は必ず委員たちを中心になんらかの活動をしています。

基本的なベースから教育を

理念やビジョンを社内に浸透させることと並行して、マナー研修や新人研修を実施するなど社員教育にも力を入れています。人間として基本的なベースがないところに理念やビジョンを浸透させようとしても、納得して動いてもらうのはなかなか難しいと痛感しているためです。例えば、私の会社のクレドカードに次のような行動指針を記載しています。行動指針の一部を抜粋します。

①明るく元気に挨拶をする
②家族・仲間を大切にする
③相手が望むことを考えて、思いやりをもつ
④感謝の気持ちをもって、きちんと「ありがとう」を伝える
⑤良識のある行動をする
⑥現状で満足せず、発展するための努力を惜しまない

⑦目的・目標を明確にもつ
⑧社会とのつながりを意識する
⑨作業ではなく仕事をすること
⑩今日やるべきことは今日やる

どれも当たり前のことなのですが、できていない人が多過ぎます。ろ布の特性や裁断するときの注意点など技術研修の内容は比較的すっと理解して身につけてくれるのですが、教養やマナーといった人としての研修は何度実施してもなかなか身につきません。

100年企業となるために経営者自身が人材育成を行う

100年後も存続する会社をつくるにはどうしたらいいのか、社会があまり変化をしない時代ならば、従来どおりの商売を続けていても存続できる場合もあります。しかし、現代は次々と新しい技術が現れ、社会が激しく変化する時代です。一つのところにずっととどまっていると、流れに取り残され、気がついたら激流に飲まれて沈んでいるということにもなりかねません。私たちが単なるろ布メーカーから脱却し、課題を抱える顧客に対して解決策を提案して解決に導くというビジネスモデルにシフトしたのも、100年続く会社にするためには必要なことでした。

私は、100年後も存続する会社づくりのポイントは、人材育成だと考えています。最近、ChatGPTなどの登場でAIが再び注目を浴びています。AI技術によって多くの職種がなくなる日に1歩近づいたのかもしれませんが、そうはいっても、会社を形作り、動かすのは人間です。会社や事業を支える人材づくりが、100年後も会社を存続させるためにも必要になってきます。

私は、しっかりした人材とは、明元素、つまり明るく元気で素直に動けてさまざまな困難に立ち向かう、決して諦めない人だと考えます。大久保会長が口癖のように話すたとえがあります。

「目の前に1メートルの高さの壁があるとします。それを飛び越えようとして2回、3回とチャレンジしても飛び越えることができなかったとき、ビジョンをもたないで壁に向き合っている人は、その時点で諦めてしまいます。

ビジョンをもっている人であれば、そこでなんとか1メートルの壁を乗り越えようとして、跳び箱の踏み台を持ってくるでしょう。

それを超えると、今度は5メートルの壁にぶつかります。どうしますか？

そう、次ははしごをつくるのです。

ところが、次に現れる壁は50メートルの高さがあります。さすがにはしごでは乗り越えることができません。おそらく、この時点で、大勢の人が脱落していくでしょう。でも、本当にビジョンを持って使命感に燃えている人は、そこでエレベーターをつくり、壁を乗り越えていくのです。」（実業之日本社、大久保秀夫著『「社長力」を高める8つの法則』）

経営者は諦めてはならず、そのためにはビジョンや使命感が大切であるということを説いた部分からの引用ですが、経営者に限らず一般の人材にも当てはまります。困難を前に諦めてしまったらチャレンジは「失敗」になりますが、諦めない限り失敗にはなりません。うまくいかない場合、タイミングが悪かったということも往々にしてあります。今年やろうとして今年できなかったことは、例えば3年後にもう一回、仕掛ければいいだけの話です。

このように自分をコントロールできて、しかも楽しめるような人材が、激動の時代に必要とされます。そしてその人材を育成する場は会社であり、指導するのは経営者自身であるべきなのです。

世の中に関心をもち、新しいことにチャレンジを

社員には、世の中にもっと関心をもってほしいと感じています。そのため、話題になっていることについて投げ掛けるようにしています。これも社員教育の一つといえます。

この原稿を書いているとき、ＣｈａｔＧＰＴが大きな話題になっていました。人間のような自然な回答を返す対話型ＡＩ（人工知能）です。ちょうど、会社の工場見学のときに使う機密保持契約の書類が古かったため、試しにＣｈａｔＧＰＴにつくらせることにしま

した。しかし、何回やっても途中でフリーズします。なぜだろうと思っていたのですが、思いついて「この続きは？」と打ち込んでみると、続きの文章が出てきて、何度かやっているうちに使用方法が分かるようになりました。

また、画像やイメージを生成するＡＩツールも便利です。「悩んでいる経営者」を作成するように指示すると、そのとおりにつくってくれるので、プレゼンの資料があっという間にできてしまいます。こういうことについて関心をもつように仕向けるのも、社員教育の一つです。

そしていちばん社員に伝えたいことは、自分のアンテナを張りなさいということです。すべてのことに興味はもてないと思いますが、少しでも関心をもったら自分で調べるなり人に聞くなりして、知識としてインプットしておいてほしいと思います。

また、経験することが大事だと伝えるために、珍しい料理がある店に連れて行くこともあります。あるとき、穴子の稚魚ののれそれを社員がメニューに見つけてこれ何ですかと質問したので、食べてみたら、と注文させました。とりあえず、食べてみないことには、おいしいのかそうでないのか判断できません。食べてみたら、その味を知ることになるし、ほかの誰かと店に行ってメニューにあれば、話題にすることもできます。

さらに、知識や経験を蓄えるだけでなく、新しいことにチャレンジしてほしいと思っています。私は今、ろ布や液体に関わるコンサルタントとは離れてしまうのですが、吸水性の高いタオルの開発を進めています。

世の中には吸水性の良いタオルがたくさんありますが、どんな評判のタオルも、髪の毛の長い社員で試してみるといまひとつでした。このため、ドライヤーを使う時間を減らせるようなタオルに挑戦することにしました。

タオルメーカーは吸水性と速乾性を求めるのですが、そこで発想の転換です。吸水して水分を保つとタオル自体は乾きにくくなります。しかし、お風呂上がりに髪の毛の水分を取るために使うタオルならば、すぐに乾く必要はありません。そこで、速乾性を捨てようと考え、極端にいうとスポンジのようになっているタオルにしたらいいのではないか、と検討しているところです。そのやりとりがものすごく楽しいのです。培った知識や経験を活かして、他社では実現できていないことに挑戦すること、挑戦し続けていくことが重要だと思います。

おわりに

利益至上主義だった私が、大久保会長との出会いなどを通して考えを改め、経営改革をしていく物語を記してきました。ただ、改めて私の歩みを振り返り、経営理念やビジョンが社員に浸透しているかと自問自答すると、道半ばだと感じます。

今は過渡期です。これを抜けたら、きっとあのときはしんどかったという笑い話になると思います。「もっと早くから今の状況はつくれたのに何もやってなかったね」とみんなが気づいて、「今後はないようにしようね」となってくれることを期待しています。

過渡期だと感じる一方、確実に会社が良い方向に変化していることも実感しています。変化した大きな要因として、社長である私自身が「自分は人生で何をやるべきなのか」という存在価値を自覚したことが大きいと考えています。

若い頃は目先の利益を追求することしか考えていませんでしたが、娘2人の事故と病気をきっかけに子どもたちが生きる未来のことも考えるようになり、良いことをしなければいけないという思いが強くなりました。

私が今、自分の使命だと考えているのは、水問題の解決です。たまたま家業がフィルターというニッチな産業だったことから、社会に目を向けたときに水がテーマとして浮かんできました。よく調べたら、世界的には水不足に直面しているのだといいます。私たちの使命はそこにあるのだと直感しました。

人は誰しも、何かをするために存在しています。大切なのは、自分は何をしたく、何をすべきなのかということに気づくことです。早く気づいたほうが有意義な人生を過ごせます。逆に、一生気づかずに終わってしまうケースもあります。

マザーテレサや西郷隆盛など多くの偉人は、あるとき天の声を聞き、生きる道筋が示されました。私の場合は天の声を聞いたわけではなく、やらない理由はどこにもないよね」と進め「これをやったらみんな喜ぶよね。だったら、やらない理由はどこにもないよね」と進めた結果、社会に貢献することが自分の存在価値だと気がつきました。人が喜んだり、驚いたりすることを考えて実行することはとても楽しいことです。それが「社会貢献」と呼ばれて、社会の役に立つのならば、こんなにありがたいことはありません。ほかの人も、自分が楽しめてみんなも喜ぶことを見つけてほしいと思います。

きっと、私はとても臆病な人間なのだと思います。一人では何もできない人間です。ですがすてきな師匠と出会い、たくさんの仲間と知り合い、一緒に活動をしてくれる社員がいて、最も近くで小さな社会といわれる大切な家族がいつも応援してくれている状態であるからこそ進めることができたのだと思います。会社にとって永続が目的ですから決してゴールはないのですが、まだまだ道半ば、これからも邁進していきたいと考えています。

そんな私にできたことは、誰にでもできることだと思います。是非とも前向きにまず動け、そこから道が拓けていくという気持ちで取り組んでみてください。

人は意図的であっても、そうではなくても、後悔するようなことをしてしまうことがあります。しかし、考え方次第でいつでもやり直すことはできると私は思っています。だから、まず動くことがとても大切なのです。

まず動け、そこから道が拓けていく……。

大塚雅之（おおつか まさゆき）

１９６８年、大塚実業株式会社の創業者大塚善一郎の長男として栃木県足利市で生まれる。大学卒業後、旅行代理店入社。１９９４年、大塚実業入社。栃木工場や大阪営業所に勤務したあと、２００５年に専務取締役就任、２００９年に代表取締役社長就任。一般社団法人公益資本主義推進協議会（ＰＩＣＣ）理事兼東日本統括兼東京支部長。一般社団法人日本液体清澄化技術工業会（ＬＦＰＩ）理事。

本書についての
ご意見・ご感想はコチラ

ニッチ企業は理念で生き残る
地方メーカー2代目社長の経営改革

二〇二三年八月二五日　第一刷発行

著　者　大塚雅之
発行人　久保田貴幸
発行元　株式会社　幻冬舎メディアコンサルティング
〒一五一‐〇〇五一　東京都渋谷区千駄ヶ谷四‐九‐七
電話　〇三‐五四一一‐六四四〇（編集）
発売元　株式会社　幻冬舎
〒一五一‐〇〇五一　東京都渋谷区千駄ヶ谷四‐九‐七
電話　〇三‐五四一一‐六二二二（営業）

印刷・製本　中央精版印刷株式会社
装　丁　弓田和則

Printed in Japan　ISBN 978-4-344-94468-8 C0234
幻冬舎メディアコンサルティングＨＰ　https://www.gentosha-mc.com/